职业院校网络学习空间建设与应用

王云凤 著

北京理工大学出版社
BEIJING INSTITUTE OF TECHNOLOGY PRESS

内容简介

本书针对网络学习空间认知缺乏共识，建设呈盲目状态，活跃度不够，缺少实质性的、常态化的应用，智能性不足，空间数据尚未有效利用，纽带作用不明显，联通价值没有充分发挥等问题，从职业院校的教育教学实际出发，着重研究网络学习空间中教师、学生、课程、教材、资源、策略、工具、环境等要素的特征及相互关系，梳理职业院校网络学习空间的内涵和发展需求，设计"虚拟学习共同体"六要素，建立适应"校企协同育人"的网络学习空间框架，创新职业院校网络学习空间建设机制，设计"动态发展"的数字资源建设规范，制定"建、用、评、奖"的网络学习空间管理机制，构建"平台个性化推送+学生自主性学习"的教学模式。本书详细介绍了应用开源 Moodle 平台建设网络学习空间支撑平台的策略与方法，应用生成性学习理论和 SCORM 标准，设计网络学习空间技术规范的具体做法，并结合案例介绍了网络课程与学习资源共建共享的机制、策略与过程，信息化教学设计的程序与方法。本书为职业院校推进教育教学改革提供了新的理论支持，为职业院校建设"网络化、智能化、泛在化、个性化"的学习空间提供参考。本书中的所有案例都已在实践中应用。

版权专有　侵权必究

图书在版编目(CIP)数据

职业院校网络学习空间建设与应用/王云凤著. —北京：北京理工大学出版社，2020.9
ISBN 978-7-5682-9090-6

Ⅰ. ①职… Ⅱ. ①王… Ⅲ. ①高等职业教育-网络教学-教学研究 Ⅳ. ①G718.5

中国版本图书馆 CIP 数据核字(2020)第 182800 号

出版发行／北京理工大学出版社有限责任公司
社　　址／北京市海淀区中关村南大街 5 号
邮　　编／100081
电　　话／(010)68914775(总编室)
　　　　　(010)82562903(教材售后服务热线)
　　　　　(010)68948351(其他图书服务热线)
网　　址／http://www.bitpress.com.cn
经　　销／全国各地新华书店
印　　刷／保定市中画美凯印刷有限公司
开　　本／787 毫米×1092 毫米　1/16
印　　张／11.5　　　　　　　　　　　　　　　责任编辑／徐艳君
字　　数／285 千字　　　　　　　　　　　　　文案编辑／徐艳君
版　　次／2020 年 9 月第 1 版　2020 年 9 月第 1 次印刷　责任校对／周瑞红
定　　价／58.00 元　　　　　　　　　　　　　责任印制／施胜娟

图书出现印装质量问题，请拨打售后服务热线，本社负责调换

前　言

信息技术正深刻地影响着人类的生活方式、工作方式以及学习方式,人们越来越习惯使用计算机网络来进行生产、生活、思维和学习,传统的依赖于教材的课程教学模式已经不能适应信息时代的课程教学,一种新型的课程教学模式应运而生,即基于网络学习空间的课程教学。网络学习空间能够使教师随时随地可对教学内容进行积累、重构、提升,使学生可以脱离教材随时随地进行自主自学,使同行之间可以随时随地进行思想沟通和交流。为了方便教师教、学生学,如何利用信息技术构建网络学习空间,成为当前教育科学界关注的重要课题。

自2012年"三通工程"提出以来,我国职业教育网络学习空间的发展开始步入"快车道"。职业院校逐步意识到网络学习空间的重要性,纷纷开通机构空间和师生空间,并开始初步的应用探索。湖南省依托"世界大学城"云服务平台,为全省职业院校搭建了"职教新干线",实现了"校校有平台,人人有空间"。长沙民政职业技术学院、湖南铁路科技职业技术学院等一批职业院校积极利用职教新干线开展了空间应用探索,涵盖课堂教学、专业人才培养、课程资源建设等多个方面。课堂教学方面,探索了多种新的基于空间的教学模式,如空间群组与课堂教学互动模式、翻转课堂模式、虚拟仿真教学模式等。专业人才培养方面,利用职教新干线开展了学生顶岗实习管理、融通专业教学与职业岗位培训等实践探索。资源建设方面,利用职教新干线开展了碎片化教学资源建设、课程资源库建设等实践探索。

"十二五"期间,我国的"三通两平台"工程取得突破性进展。"网络学习空间人人通"在政、产、学、研多方力量的积极参与下迅猛发展,取得了可喜的成绩。然而,我国职业院校网络学习空间的建设仍存在一些不可回避的现实问题。

一是网络学习空间认知缺乏共识,建设呈盲目状态。全国各地职业院校纷纷掀起一股空间建设竞赛热潮;但是,网络学习空间究竟是什么、建设有何要求、该如何应用,空间建设的参与者们对这些基础性问题尚未达成共识。

二是活跃度不够,缺少实质性的、常态化的应用。当前我国职业院校网络学习空间的发展整体处于"建设期",各地空间云平台陆续建成,广大师生空间逐步开通。调研发现,国内大多数职业院校网络学习空间云服务平台的注册用户数量和资源量都有一定的规模,但空间的访问量和活跃用户数却很不乐观。

三是智能性不足,空间数据尚未有效利用。国内大多数职业院校网络学习空间云服务平台存在智能性不足的问题,主要表现在:空间难以根据用户的行为记录、知识结构以及偏好、学习风格等数据,精准推送用户所需的资源、工具、活动与服务;空间难以对有潜在学习失败风险、心理健康问题以及学习困难的学生进行预警和有效干预;空间无法针对每位学习者的个体差异提供最适合的个性化学习路径;空间难以对每位学习者的学习情况提供个性化诊断与智能反馈;空间未能根据用户的业务需求建立(半)自动化的处理机制,切实减轻教师和管理者的工作负担。数据是实现空间智能性的基础,虽然很多空间已经采集了大量的结构化与非结构化数据,但这些数据的价值尚未得到有效发挥,多用于简单的统计分析,数据应用层次偏低。

四是纽带作用不明显,联通价值没有充分发挥。网络学习空间不仅仅是一个虚拟空间,还是连接课堂、校园、家庭和社区的重要载体,是连接教育管理者、教师、学生以及家长等的核心纽带。现阶段我国职业院校网络学习空间的联通价值并未有效发挥。

笔直一直在关注国内外网络学习空间的研究成果,探索职业院校网络学习空间建设与应用,尝试应用"Blackboard""Moodle""职教新干线""超星泛雅""科大讯飞""江苏职教人人通"等平台构建网络学习空间,参与了多个职业院校网络学习空间建设。在实践中笔者发现 Moodle 具有全面的数据库抽象层,几乎支持所有的主流数据库。利用 Moodle,现今主要的媒体文件都可以进行传送。同时,Moodle 的所有操作所见即所得,使用者无须经过专业培训,就能掌握 Moodle 的基本操作与编辑。通过文献检索,笔者发现国内外学者对 Moodle 开发与应用的研究很丰富,但普遍把 Moodle 视为教学管理平台,主要研究成果集中在基于 Moodle 的资源建设、课堂教学等方面;没有以职业院校形态的系统变革为支撑,以智慧校园环境为基础,应用 Moodle 构建"免费、开放、共享"的网络学习空间,并通过对课程、教与学、管理、评价等主流教育活动的全新设计,实施以发展学习者的学习智慧,提高学习者的创新能力为目标,具有创新性、个体性、自主性、高效性、融通性以及持续性等特征的智慧学习。

针对职业院校网络学习空间支撑平台兼容性低,资源建设和数据通信没有统一的技术标准,数字资源难于跨平台迁移和共建共享,网络学习空间中资源生成与学习过程不能有效融合,难以形成基于学生学习记录的分析、诊断与指导机制,不能有效服务于学生自主学习,学校、企业、教师、学生参与网络学习空间活动的积极性不高等现实问题,笔者通过文选研究和广泛调查,基本掌握了职业院校网络学习空间建设与应用需求,厘清了网络学习空间的内涵,结合职业教育的特征和技术技能型人才培养规律,构建了职业院校网络学习空间建设框架,创新了免费建设网络学习空间的机制和基于学习过程共建共享资源的模式。这些理论研究成果主要在本书 1、2 章。

职业院校的教学改革,需要网络学习空间集成网络教学、资源推送、学籍管理、学习生涯记录等功能,也要融合网络学习空间创新教学模式、学习模式、教研模式和教育资源的共建共享模式。笔者以学生为主体,从实施学生在教师指导下应用信息技术进行自主探索和协同学习的需求出发,分析了职业院校网络学习空间的需求,设计了基于 Moodle 平台的网络学习空间建设技术方案,建立了"建、用、评、奖"的网络学习空间运营机制,探索了网络学习空间课程建设、资源设计、教学设计的方法,制定了"动态发展,迭代更新"的数字资源建设规范,实践了"平台个性化推送+学生自主性学习"的教学模式。这部分研究成果已在实践中得到了应用,形成的理论、方法和案例主要在本书的 3 章至 8 章。

目 录

1 网络学习空间的基本概念 (1)
   1.1 网络学习空间的内涵 (1)
   1.2 网络学习空间的构成要素 (3)
2 职业院校建设网络学习空间的理论与技术基础 (6)
   2.1 网络学习空间建设与应用的理论基础 (6)
   2.2 网络学习空间建设技术与应用标准 (10)
3 职业院校网络学习空间设计 (18)
   3.1 网络学习空间建设现存问题 (18)
   3.2 职业院校网络学习空间需求分析 (21)
   3.3 网络学习空间框架设计 (28)
4 网络学习空间应用平台建设 (45)
   4.1 网络学习空间应用平台开发技术 (45)
   4.2 网络学习空间应用平台设计 (52)
   4.3 网络学习空间应用平台实现 (57)
5 网络课程建设 (69)
   5.1 网络课程概述 (69)
   5.2 网络课程建设案例 (77)
6 网络学习空间学习资源的建设与应用 (103)
   6.1 学习资源建设的基本要求 (104)
   6.2 学习资源设计的具体过程 (108)
   6.3 基于网络学习空间的学习资源的开发案例 (117)
7 基于网络学习空间的教学设计 (128)
   7.1 信息化教学设计方法 (128)
   7.2 信息化教学设计实例 (137)
8 网络学习空间建设机制 (157)
   8.1 网络学习空间共建共享机制 (157)
   8.2 数字资源共建共享实例 (163)
结束语 (177)

1 网络学习空间的基本概念[1]

"网络学习空间人人通"是"三通工程"的核心，网络学习空间的持续建设与普及应用是"十三五"期间我国教育信息化工作的重点。建设教师和学生个人的网络学习空间、形成网络环境下自主学习、互助学习的教育新模式是教育信息化核心理念与未来发展方向的体现，也是教育信息化发展的前沿。它突破了现有教育模式的时空限制与学习方法的限制，使学习资源无限丰富，并可充分利用碎片时间，可促进教与学、教与教、学与学的全面互动，有利于教师与学生的共同学习、共同提高，也有利于学生自主学习能力的提升。网络学习空间的成功实践，将对现行的以校园内学习为主的教育方式与理念产生革命性影响，对继续教育、终身教育与学习型社会构建意义重大，也将在世界范围内起到引领作用。

当前，国内研究和实践领域对网络学习空间的认识仍较为模糊，直接影响了"人人通"工作的顺利推进。网络学习空间在我国的发展最早可以追溯到 21 世纪初，大体呈现三个发展阶段，分别是初始探索阶段、系统推进阶段和融合创新阶段。我国网络学习空间的建设正在步入融合创新阶段，呈现出一体化、数据化、智能化与个性化发展趋势。同时，也面临一些现实问题：一是网络学习空间支撑平台兼容性低，资源建设和数据通信没有统一的技术标准，数字资源难于跨平台迁移和共建共享；二是网络学习空间中资源生成与学习过程不能有效融合，难以形成基于学生学习记录的分析、诊断与指导机制，不能有效服务于学生自主学习；三是学校、企业、教师、学生参与网络学习空间活动的积极性不高；四是纽带作用不明显，联通价值没有充分发挥。

1.1 网络学习空间的内涵[2]

目前，无论是学术界还是实践领域对网络学习空间的内涵都没有形成统一的认识。归纳起来，基本呈现两种观点：一种观点认为网络学习空间是运行于学习支撑服务平台之上，面向正式学习与非正式学习的虚拟空间；另一种观点认为网络学习空间是为不同教育用户提供个性化服务的应用系统。两种观点的分歧在于，网络学习空间到底是完整的应用系统还是在系统中开辟的用户专属学习区域。二者虽有分歧，但其拥有共同的目标，皆指向服务师生发

---

[1] 杨现民. 网络学习空间的发展：内涵、阶段与建议 [J]. 中国电化教育，2016 (4).
[2] 吴艳霞. 网络学习空间的内涵与构成 [J]. 和田师范专科学校学报，2018 (2).

展，促进教与学方式的变革，提升人才培养质量。确切地说，第二种观点特指网络学习空间支撑系统，即提供学生空间、教师空间、家长空间、管理者空间以及机构空间等各种空间服务的在线平台。一般来说，教育管理部门文件中所指网络学习空间在教与学中的应用主要指向第一种观点，行业企业常提及的网络学习空间开发与应用往往指向第二种观点。

也可以根据网络学习空间运行载体服务性质的不同，将网络学习空间分为广义的网络学习空间和狭义的网络学习空间。广义的网络学习空间是运行于任何平台之上，支持在线教学活动开展的虚拟空间，包括虚拟学习环境（Virtual Learning Enviroment，VLE）与个人学习环境（Personal Learning Environment，PLE）。狭义的网络学习空间（Personal Learning Space，PLS）特指运行在专门的教育服务平台之上，支持在线教学活动开展的虚拟空间，即提供学生空间、教师空间、家长空间、管理者空间以及机构空间等各种空间服务的在线平台。

1.1.1　虚拟学习环境（VLE）

VLE主要指网络教学平台，是教育机构提供，课程设计者和教师控制，支持教育机构环境内的教与学，补充面对面的课堂教学，服务于正式教学的虚拟学习环境。VLE为学习者提供了丰富的学习资源、交互平台、上传下载学习文件的学习服务，是课程服务型空间，可实现依据学习者的兴趣、知识水平和行为规律，为学习者推荐个性化的学习课程和学习模块，为教师提供实时的教学数据分析，监控学习进展。当前，典型的VLE有Web CT、Blackboard、Moodle、Sakai、学习管理系统、MOOC平台、Coursera（www.coursera.com）、edx（www.edx.org）、Udacity（www.udacity.com）、中国大学MOOC（www.icourse163.org）、学堂在线（www.xuetangx.com）、教育云服务平台等。

1.1.2　个人学习环境（PLE）

PLE的课程内容由学习者创建，学生自我控制，服务于非正式学习的个人学习环境。学习者以关注、点赞、评论、回复、引用、"@"等多种方式进行会话。PLE以学习者为中心，开放、共享、参与、创造的理念与时代精神相符，为学习者创设了良好的个性化学习环境。当前，典型的PLE有教育Blog、教育Wiki、教育BBS、教育RSS（Really Simple Syndication）、个人教育网站和日渐流行的各种社交化平台（如QQ空间、微信公众平台）等。

1.1.3　狭义的网络学习空间

狭义的网络学习空间或个人学习空间（PLS）是结合VLE与PLE的整合需求，协调教与学的第三方空间。VLE中学习者使用的课程内容和学习工具由教师设定，所以存在不够个性化和适应性差的问题。VLE的"均码"特点无法充分满足学习者个性化的学习需求；PLE中"教师"作用的缺失和学习者自主学习能力的不足，使得PLE面临挑战。结合VLE与PLE的整合需求，协调教与学的第三方空间——网络学习空间正逐步显示其作用。网络学习空间是由组织机构提供，但由个人控制，作用于VLE和PLE中部，通过提供学习支架和模板、反思结构、学习者自主管理权限，为学习者在获取他人指导和自主学习之间寻求平衡的网络学习环境。当前，典型的网络学习空间有国家教育资源云服务平台、北京数字学校、世界大学城网络服务平台、Moodle、超星泛雅等。

网络学习空间与教室、实验室、图书馆等传统空间有显著不同，它流淌着互联网"血液"，能够实现广大教育工作者群体智慧的无缝流动与融通共享。虽然网络学习空间是以学生为中心构建的虚拟空间，但其服务对象不局限于学生，还包括教师、管理者、家长以及教育机构。学生可以利用空间完成预习、练习、作业、测试、实验、选课、协作、讨论等各种学习活动；教师可以利用空间开展在线备课、辅导、教学、研修等活动；管理者可以利用空间完成各种教育教学管理活动；家长可以利用空间实现家校之间便捷地互动沟通，实时关注孩子的学习与成长；学校、教育行政部门、教育培训企业等机构可以利用空间更高效地管理机构内的个人空间以及教育过程中所涉及的各种资源、财产、人事等信息。

从外在表现形态来看，网络学习空间是由教师空间、学生空间、教学督导空间、家长空间、管理者空间以及机构（政府、教研机制、学校、企业、社区等）空间共同构成的空间群。网络学习空间具有学习（根本目的是促进学习）、社会（支持教师与学生、家长的互动交流）和环境（师生之间展开学习活动的场所）三个基本属性，体现出个性化、开放性、联通性、交互性、灵活性等核心特征。尽管当前各种网络学习空间的设计理念、实现技术以及服务方式有所不同，但从空间提供的基本服务来看，具有高度的一致性，主要表现在：一是汇聚满足用户需求的各种资源、工具、活动、关系等，提供一站式、个性化的信息服务；二是支持在线教学活动的开展，促进师生互动交流；三是支持不同角色实体（教师、学生、家长等）的交互联结，协调多方力量助力学生发展。

1.2 网络学习空间的构成要素

根据 Stephen Downes 的观点，网络学习空间构成要素主要包括工具、服务、人和资源。据此我们比较了不同类型的网络学习空间的构成要素。

1.2.1 VLE 的构成要素

VLE 也称虚拟学习共同体，是一种自上而下的正式的学习环境设计，服务于教育机构内的教与学，通常是工具、服务、人和资源的紧密结合。完备的 VLE 能够提供高质量视频内容、社交网络和学习支持服务的开放式在线课程。其中，教学支持系统是平台的核心，提供课程学习、互动交流、作业练习、提问答疑、日程管理等基础性功能，并以个人中心或个人门户的形式向广大师生提供网络学习空间服务。在这种类型中，学习方式为接受学习，知识建构方式有可能是个体建构，也有可能是群体建构。VLE 多采用单独部署模式，与其他应用系统之间相互独立，因此提供的空间服务较为简单，"人人通"的范围局限在某门课程或某个平台内部的用户之间。

Moodle 全称为 Modular Object – Oriented Dynamic Learning Environment，是以条理清晰的模块化设计面向使用者的一种动态的、创新的学习情境。Moodle 平台支持下的 VLE 由参与主体、课程资源、活动分工、工具、规则、支撑平台等 6 个要素构成。

（1）参与主体

参与主体是虚拟学习共同体的核心要素，包括学校的任课教师、学生、辅导教师、实训指导教师、创业创新指导教师等，以及企业参与学生就业、实习、课程教学等活动的管理者和技术人员。其中，学生是学习的主体，其他成员都是必不可少的助学者，而助学者在帮助学生学习的同时也完善了自己的认识。

(2) 课程资源

课程资源是学生学习的对象,也是校企合作活动和学生学习活动过程中生成的成果,主要由课程标准、知识点积件、多媒体素材、仿真软件等文件,以及测试、投票、调查、讨论、互动评价、企业在线招聘、技术服务咨询等活动组成,课程资源和教学过程、企业活动融合,能够为学生、教师、企业服务。

(3) 活动分工

活动的分工是指对学校、企业、教师、学生活动的虚拟化设计。学校是活动的组织者,负责设计活动类型及流程,企业、教师、学生是活动的参加与者。活动分工要体现校企协同育人。活动分工是共同体成员之间合作的基础。

(4) 工具

工具是帮助学校、企业、教师、学生等共同体成员应用网络学习空间的手段,在成员的沟通和协作之间起着纽带的作用。由于此虚拟共同体的成员来自不同的专业领域,学习的主体是职业院校学生,因此必须要选用简单方便、容易操作、及时反馈的认知和交互工具来帮助学生主动探索和建构知识与技能。

(5) 规则

规则是虚拟学习共同体成员开展各项活动的准则,主要由技术标准、工作规程、评价与考核体系、具体工作的实施方案构成。SCORM(共享内容对象参考模型)标准统一数据格式,能保证不同学习者之间的数据通信与交换,从而保障数字资源共建共享。

(6) 支撑平台

虚拟学习共同体需要把开放、兼容、融合多媒体技术以及具有交互性、创新性的网络环境作为自身发展的平台。Moodle 平台的开放源代码设计、门槛低且易操作、功能强大等优势恰好满足了虚拟学习共同体搭建的各项网络技术需求。

1.2.2　PLE 的构成要素

PLE 是一种由下而上的非正式的学习环境设计,支持不同情境下的非正式学习,通常是工具、服务、人和资源的松散集合体。在 PLE 中,学习者基于工具、服务管理信息、生成内容、记录与分享成果、联通他人(与他人交流、与他人分享),形成人人通的工作空间。此时学习者作为内容创建者,使得学习从简单的内容转移,演化到内容的创造与产出。在这种类型中,学习者的学习方式为发现学习,知识建构方式为群体建构。

1.2.3　PLS 的构成要素

PLS 由政府规划引导,企业建设运营,学校购买服务,但由个人控制,在他人指导与自主学习之间保持一种独特的平衡。该空间依托云平台汇聚海量优质资源,可实现资源互通、家校互联、师生互动、生生互助。

(1) 网络学习空间以跨平台资源共享为核心

集成学习资源平台、学习管理系统和各种社交应用,实现跨平台的整合,为学习者提供统一的学习管理界面,使学习者不用游走于各个系统和平台之间。通过一定的数据传递与交换机制,实现各种教育数据在平台之间及其应用系统之间的透明流转与融通共享。

（2）网络学习空间以联通性为特点

支持不同角色实体（教师、学生、家长、管理者等）的无缝联通，通过深度互动、高效沟通、有效协同，助力学生智慧成长。

（3）网络学习空间旨在提供个性化

网络学习空间的个性化将从功能定制、特色布局等"表现层"的个性化转向真正具备个性化服务能力的"实质层"的个性化。传统的"一对多"教育服务供给模式已经无法满足"互联网+"时代教育发展的需要。网络学习空间将为每位学习者提供"一对一"甚至"多对一"的个性化教育服务，通过精准化的资源服务推送、个性化的学习结果诊断以及学习路径引导，高效支持学习者开展随时随地的按需学习，实现每位学习者有个性的发展。

2 职业院校建设网络学习空间的理论与技术基础[①]

针对职业院校"网络学习空间"建设中存在的问题,需从理论和实践两个层面进行探索与研究。在理论上,需借鉴"建构主义理论""学习共同体理论"等,研究面向职业院校的"虚拟学习共同体"构成要素和网络学习空间建设机制与应用模式;在实践中,需结合职业院校的需求,制定出可实施可推广的具体方案。

基于建构主义理论视角创设的 Moodle 平台,是信息技术在学习领域的重要应用。当前,教学环境由于受到应试的惯性和考试指挥棒等因素的制约,很难满足学生多样化的需求。依托 Moodle 平台建设的网络学习空间,能够充分利用其条理化的课程管理系统、多样化的交互工具、多媒体呈现方式等功能,为学生的学习提供海量的课程资源、模块分明的学习领域、支持交互和多种表现形式的学习方式,创造一个"虚拟学习共同体",把有着共同学习兴趣与学习愿景的教师和学生联结起来进行网络探究学习。

2.1 网络学习空间建设与应用的理论基础

正确的理论可以科学地指导实践,没有理论指导的实践是盲目的没有任何意义的实践,任何科学研究都是以一定的理论基础为依据,坚实的理论基础是研究具有科学性的前提条件。网络学习空间建设与应用需在认知主义学习、建构主义、学习共同体、生成性学习及联通等理论的指导下开展实践。

2.1.1 认知主义学习理论

认知主义学习理论来源于格式塔心理学说的完型顿悟说,该学派认为知识是人通过感觉、知觉得到的,是由学习者通过主动发现形成的内在知识结构,而不是依靠尝试错误与失败获取的经验教训。认知主义认为,学习者在学习过程中是主动地、有选择地获取刺激并进行加工,强调激发学习者的内部学习动机,使学习者积极主动地构建自己的知识结构,在教学中真正实现学习者的主体作用。智慧校园环境下的教学模式,从多角度构建教材,使学生在实

[①] 李洪修. 基于 Moodle 平台的虚拟学习共同体建构 [J]. 中国电化教育,2015(12).

践认知学习中，可以更加主动地去探寻学科的本质和特征，充分调动学生的主观能动性。

2.1.2 建构主义理论

建构主义是一种关于知识和学习的理论，强调学习者的主动性，认为学习是学习者基于原有的知识经验生成意义、建构理解的过程，而这一过程常常是在社会文化互动中完成的。建构主义的提出有着深刻的思想渊源，它与传统的学习理论和教学思想迥异，对教学设计具有重要指导价值。

建构主义学习理论的基本内容可从"学习的含义"（即关于"什么是学习"）与"学习的方法"（即关于"如何进行学习"）这两个方面进行说明。建构主义认为，知识不是通过教师传授得到的，而是学习者在一定的情境即社会文化背景下，借助其他人（包括教师和学习伙伴）的帮助，利用必要的学习资料，通过意义建构的方式获得的。由于学习是在一定的情境即社会文化背景下，借助其他人的帮助即通过人际间的协作活动而实现的意义建构过程，因此建构主义学习理论认为"情境""协作""会话"和"意义建构"是学习环境中的四大要素或四大属性。

建构主义所蕴含的教学思想主要反映在知识观、学习观、学生观、师生角色的定位及其作用、学习环境和教学原则等六个方面。

与建构主义学习理论以及建构主义学习环境相适应的教学模式为：以学生为中心，在整个教学过程中由教师起组织者、指导者、帮助者和促进者的作用，利用情境、协作、会话等学习环境要素，充分发挥学生的主动性、积极性和首创精神，最终达到使学生有效地实现对当前所学知识的意义建构的目的。

2.1.3 学习共同体理论

"学习共同体"（Learning Community）或译为"学习社区"。学校班级学习共同体是由学习者（学生）和助学者（教师）共同组成，以完成共同的学习任务为载体，以促进成员全面成长为目的，强调在学习过程中以相互作用式的学习观作指导，通过人际沟通、交流和分享各种学习资源而相互影响、相互促进的基层学习集体。它与传统教学班和教学组织的主要区别在于强调人际心理相容与沟通，在学习中发挥群体动力作用。

在传统教学中，教师、学生同时在一个教室中参与教学活动，彼此之间可以很容易地进行面对面的交流，可以自然而然地形成一定的学习共同体。比如，一个学习小组、一个班级，乃至一个学校，都可能成为一个学习共同体。而在基于网络的远程学习环境中，学习共同体必须经过有意识的设计才能形成。网络不应只是用来延伸传统教学，而应成为改革传统教学的有力工具，尤其是利用网络帮助学习者在充分的沟通、协作中实现高水平思维和深层理解，促进积极主动的社会性知识建构。在网络教学中，教师可以为学生的学习活动提供反馈和引导，促进他们的交流和反思活动。教师需要从"知识的提供者"变为"学习的促进者"，他们要与学生展开深入的对话，以此来激发学生原有的知识经验，促进其对新旧知识的反思，促进知识在新情境中的迁移。

与传统教学相比，网络可以更容易地将学科专家引入教学中，参与和学生的讨论交流。学科专家可以为学生提供与所学内容有关的各种实际例子、个案研究，提供各种反馈信息，展示各种不同的观点和解决问题的思想。另外，他们也可以为学生提供与当前内容有关的最新信息资源，引导学生展开对此问题的进一步的探索。这将使学生超越教室的界限，超越所接触的现成信息，进一步与真实世界的问题情境联系起来，提高所获得知识的灵活性。

2.1.4 生成性学习理论

生成性学习理论为生成性教学提供直接的心理学依据。随着生成性教学日益为人们所关注，生成性学习理论也为更多的人所了解、所研究。20 世纪 70 年代，美国心理学家维特罗克对生成性学习模式进行了最早的研究。维特罗克认为，学习是一个主动的过程，学习者积极参与其中并非被动地接受信息，而是主动地构建自己对信息的解释，并从中做出推论。他认为学习的生成过程就是学习者原有的认知结构、已经储存在长时记忆中的事件和脑的信息加工策略，与从环境中接受的感觉信息即新的知识相互作用，主动选择信息和建构信息的意义。

可以将生成性学习理解为训练学生对所阅读的东西产生一个类比或表象，如图形、图像、表格和图解等，以加强其深层的理解。这种方法最重要的一点，就是需要积极主动地进行加工，不是简单地记录和记忆信息，也不是从书中寻章摘句或稍加改动，而是要改变对这些信息的知觉，真正把新学习的知识通过与自己原有知识进行联结，使新信息更有意义，从而促进对新信息的理解和记忆的深层加工。

生成性学习理论对当代教学过程观极具指导意义，生成性学习理论从心理学角度确认了学生所拥有的主体作用及与环境的相互作用，重视新知和已有长时记忆内容与信息的相互联系作用，但承认教师的指导作用。

2.1.5 联通理论①

2005 年加拿大学者乔治·西蒙斯在《联通主义：数字时代的一个学习理论》中首次提出了联通主义。联通主义学习观提出学习即网络建立的过程，如图 2-1 所示。

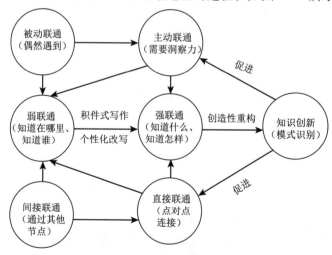

图 2-1 学习即网络的形成

网络由节点和连接两个基本元素组成。节点是用来形成一个网络连接的外部实体，它可以是人、任何的信息资源和各种媒介。"联通主义的起始节点是个人，个人化知识存在于组织和群体建立的网络内，学习发生的行为之一就是创建外部网络节点，我们在那里连接并形

---

① 王梅. 基于 Moodle 平台的生成性学习资源的设计与开发 [D]. 济南：山东师范大学，2014.

成信息和知识源，然后反过来又回馈于网络，提供个人学习，学习不再是个人的活动，而是连接专门节点和信息源的过程。"①

联通主义与以往学习理论最大的不同在于对知识的理解。乔治·西蒙斯认为，知识不是静态的，知识是动态的、适应性的，这就使知识个性化成为可能。知识流动循环以某种类型（个体、群体、组织）的知识创造开始，然后经由下列阶段而运动，如图2-2所示。

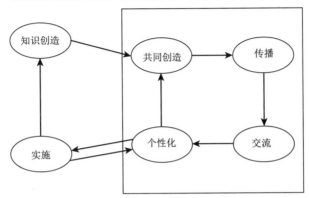

图 2-2 知识流动循环

由于我们存在于物质、精神、认知和情感等多个领域内，因此知识具有真实性、丰富性和相互联通性。知识受许多过程的影响，如怎样被创造和传播等。要想理解知识是什么，我们必须学会与知识共舞，也就是说，需要把自己投入知识中并与之进行交互。乔治·西蒙斯把知识分为这样几类：知道关于、知道如何做、知道成为、知道在哪里、知道怎样改变。

在今天的网络世界中，一个人可以上传一系列自己的思想，并能够得到其他人的批判或认同，使之更加完善成熟。原有的观念在这个过程中能够不断发展，甚至被创造。在知识流经我们的世界和我们的学习时，我们不能把它看作保持不变的实体并以被动的方式来消化，我们应以积极的、主动的态度和方法判断他人的知识。在联通主义的学习方法中，我们建立知识网络，有助于用时代性的内容替换过时的内容。知识的目的不是填充心智，而是打开它们。所以不管是什么时候，学习和知识都需要一个民主的、多样的环境，动态的流通，适时地回应外界的变化，这样才能在实践中保持个人学习网络的关联性和时代性。

2.1.6 香农理论

信息论的鼻祖香农曾提出"香农理论"，认为信息传播由五个因素组成：信源、传播者、噪声源、接受者、信宿（目的地），课堂教学的过程即是如此。课程中的知识点（信源）通过教师（传播者）编码（教师语言、动作、板书、课件等）成为教学信息，连同一些噪声源（教师对知识误导等教师编码噪声、学生学习纪律不佳等学生编码噪声、教室周围环境嘈杂等外在环境编码噪声）叠加在一起传送给学生（接收者），成为学习成果（信宿）。在传统教学模式下，噪声源繁多，教学"失真"情况屡见。而在智慧教学模式下，微课、慕课等教学视频经教师精心设计、斟酌打磨，教师编码噪声得到有效控制；学生自主选择合适的时间学习，热情饱满，学生编码噪声较低；智慧教学的教学环境现代化、智能化，环境编码噪声几乎可以忽略。因此，智慧教学能让学生在最优环境下学习，教学信息的传播也更加通畅有效。

---

①联通主义 [EB/OL]. https：//baike.so.com/doc/69316-73131.html.

2.2　网络学习空间建设技术与应用标准

职业院校的课程具有标准化、一体化、全程化、多元化和信息化等特点，职业院校"网络学习空间"建设不能只注重技术创新，更应切合职业教育的特点，可应用开源 Moodle 软件和 SCORM 标准设计职业院校网络学习空间建设方案。

2.2.1　Moodle 平台

2.2.1.1　Moodle 平台简介

Moodle 是由澳大利亚 Martin Dougiamas 博士主持开发的课程管理系统，Moodle 主要包括网站管理、课程管理、学习管理三大功能，如图 2－3 所示。教师在课程管理中可以灵活地添加教学过程所需的各种资源和活动，自主设计管理自己的课程。Moodle 简单实用，功能强大，深受广大教师的喜爱。应用 Moodle 平台的开放源代码设计职业院校"网络学习空间"支撑平台，可以突破软件公司的技术壁垒，方便职业院校建立校本免费开放的网络学习空间，并实现校际网络学习空间的互通互联。

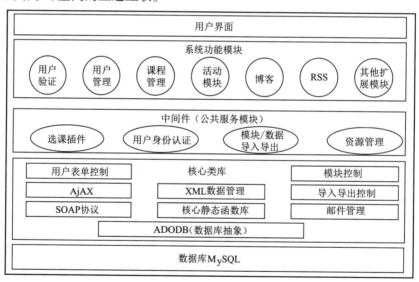

图 2－3　Moodle 系统结构

2.2.1.2　Moodle 的主要特点

（1）先进的理念

Moodle 的设计注重对教学过程中各种"活动"的支持。它采用"活动＋资源"的设计，与传统教学有着极大的不同，可以为学习者呈现多样化的资源和丰富多彩的活动。教师的角色由知识的灌输者转变为学习的引导者。Moodle 是一个开放源码的自由软件，允许所有学习者免费使用和修改源程序，也就是说任何 Moodle 的爱好者都可以为开发完善这个平台尽自己一份力。

（2）易于使用：模块化的结构设计

Moodle 中提供了许多功能模块，教师可以根据需要添加到自己的课程中，非常简单实用。教师设计制作自己的课程变得像搭积木一样，不需要的功能模块可以随时删除，也可以根据自己的需要开发新的功能模块添加到课程中来为教学服务。

（3）强大的资源管理

Moodle 支持显示多种资源类型；文件上传简单方便，可以通过链接访问外部的网页；备份功能可以将课程资源打包，以便在其他服务器还原。

（4）丰富的交流方式

Moodle 中的 Blog、Wiki、RSS、论坛等功能模块，可以有效促进学习者之间的交互，提高他们网络学习的自主参与度。Blog 模块可以记录学习者的心得，Wiki 可以发起一个话题供所有学习者共同修改完善话题内容，RSS 资源定制可以向学习者及时推送更新的信息资源，满足学习者对知识的渴求，论坛和聊天室模块可以实现学习者同步或者异步的交流互动。

（5）多元化的评价系统

Moodle 提供了在线测验、提交作业、互动评价、活动报表等多种评价功能，实现了对学生的多元化评价和对学习的全面监控；各种奖励的插件大大提高了学生的参与互动性和学习效率；内置的调查反馈功能还可以分析学习效果，作为教师改进教学的有力依据。

2.2.1.3　Moodle 平台的功能①

Moodle 的功能模块有很多种，有系统自带的功能模块，有第三方插件的功能模块，用户可以根据自己的需要来自由组合安装这些功能模块，以满足用户的个性化需求。Moodle 主要的功能模块有以下 11 个。

（1）网站管理

Moodle 平台的网站是由一个在安装过程设定好的系统管理者（Admin）管理。"布景主题"（Themes）外挂允许系统管理者依个人需求设定个性化的颜色、字型和外观。所有活动（Activity）外挂模块都可以通过网站管理加到 Moodle 中。

（2）课程管理

Moodle 平台的课程管理包括课程的添加、课程的申请、课程的删除、课程备份、课程的恢复等；讨论区论坛、测验、资源、任务、专题讨论等也是课程管理中不可或缺的模块。Moodle 课程有星期式（按周划分各个模块并出现学习日期）、主题式（课程的各个部分表现为有序号的主题）以及社区式（整个课题作为一个论坛，论坛主题显示于课程首页）三种格式，课程的不同显示格局由不同的格式决定。Moodle 平台上的两大重要模块是资源与活动。呈现课程所需各种学习资料和内容的是资源模块，它支持各种电子文档的利用，如 Text、WPS、Flash、Power Point、音频以及视频等，当然也可以通过无缝嵌入方式或链接方式插入动画、视频。活动模块则是为了方便实现教学资源共享和教学活动而设计的，它主要包括作业、交流与评价，其中作业模块可指定作业的完成时间和对应分值。学生上传的作业时间期限和作业容量大小由教师设定，成绩反馈也会在学生的作业页面表现出来，同时设定是否邮件通知。评价模块中学生可根据实际情况对教师给的文件进行评定。

---

① 李明. 基于 Moodle 平台对学习管理系统的认知［J］. 信息技术与信息化，2018（8）.

(3) 学习管理

Moodle 平台为学习者在三个过程即学习前、学习中、学习后都提供了聊天室、讨论区等交互（远程教学中的交互大致可分为三类：学习者与教师的交互、学习者与学习内容的交互、学习者与学习者的交互）学习环境，让学习者在彼此有效的交流互动中快速高效地掌握所学内容，巩固深化知识经验，从而达到自主探究和协同学习的预期结果。学习作为有效信息和能力传递的媒介，是一个普遍存在的过程，Moodle 作为一个更加注重资源和知识管理系统具体化的网络学习平台，对促进教学信息化的贡献功不可没。网络的深度、体系结构以及规模经济，也为 Moodle 平台的利用提供了可行性。学习资源的个性化和多元化也是 Moodle 平台作为众多学习管理系统之一却备受青睐的原因。

(4) 用户管理

每一位用户都可以选择一种语言应用于 Moodle 的用户界面；可以指定自己的时区和相关的数据；鼓励学生建立一个在线档案，包括相片、个人描述、E-mail 地址，而且这些信息可以依据用户要求不呈现。

为了安全起见，教师可以设定课程的登录密码，以阻止那些闲杂人等进入。课程的开设账户仅仅对建立这些课程和教授课程的人公开。

系统管理员通过将验证模块插件整合到系统中，来支持一些验证机制。学生可以创建他们自己的登录账号，并通过系统发送的邮件验证。

(5) 聊天模块

在该模块中，在线的用户可以通过 Web 进行实时、同步的讨论，使学生之间、教师之间、教师和学生之间在课余时间可以在线讨论学习问题，加强学生之间的友谊，增强教师之间的沟通，增强师生之间的感情，弥补了传统教学模式下，下课后学生很难得到和教师沟通的机会的尴尬局面。

(6) 讨论区模块

讨论区模块可以实现用户之间的异步讨论，弥补了"聊天室"的同步缺陷。用户可以在讨论区发帖子，所发的帖子可以带附件，对于学习交流很有帮助。

(7) 投票模块

在投票模块中，教师可以提出一个问题，并给出多个选项，来考查投票者对某一个问题的想法。"投票"的缺点是只能设置一个问题，要想一次调查多个问题，则可以使用"反馈单"等其他插件。

(8) Wiki 模块

Wiki 模块可以使参与者添加和编辑一组网页，一个人可以写作，其他所有人可以编辑它，即可多人同时修改一个文本。Wiki 的每个页面的之前的版本历史会被保存下来，该历史显示每个参与者的编辑操作。Wiki 的用途很多，例如可以组织课堂笔记或者学习指南，教职成员一起制订工作计划或者会议议程计划，学生进行合作出版在线书目，针对导师设置的主题来创作内容，合作创作故事或者诗歌，其中每个参与者写一行或者一节诗等。

(9) 作业模块

作业模块是一项几乎每一次课程都会使用的功能。教师在上课之前通过网络先布置好课后作业，然后学生在下课之后或者课堂上即可查看作业内容，做完后将作业上传到 Moodle 平台，也可以直接在线编辑文本来完成作业。教师在下载作业并批阅完后，即可在系统上给每一个学生的作业进行打分和做出评价，给学生一些反馈意见。

（10）测验模块

该模块的主要作用是给学生提供随堂测验或者课后测验，并可以电脑自动评分。教师可以在测验中设计多种题型，如选择题、判断题、问答题、匹配题等，所有答案都会被电脑自动评分。教师在设计测验时，也可以选择是否给予学生反馈、是否显示正确答案等操作。

（11）教学资源模块

在该模块中，主要是用来设计教学资源，如 URL、标签、图书、网页、文件、文件夹等。在每门课程中，都可以设置本门课程的教学大纲、教学目标、教学课件、教学素材等。

Moodle 中不仅仅只有这 11 种常用的功能模块，各个管理员或教师可以根据自己的需要来安装功能模块。Moodle 的一个重要特色就是以社会建构主义教学法为其设计的理论基础。它允许师生或学生彼此间共同思考，合作解决问题。从这些过程中，与他人互动，或与教师互动时，学生很自然就能建立概念。因为他们在交谈时，共同创造出一个可论述的世界，和一个共同架构，在其中可以产生沟通，最终实现"集体智慧"和"集体认知"。

2.2.1.4　Moodle 平台的搭建

Moodle 是一个免费的开源平台，它具有易使用、应用广、模块化、重安全等特点。Moodle 可以运行在 Linux 操作系统上，也可以运行在 Windows 操作系统上。运行在 Linux 操作系统上则采用 LNMP/LAMP 架构的方法，该方法适合于网络教学平台搭建的应用模式。小规模试用或只用来进行教育研究，在线人数在 50 人左右的，可选用运行在 Windows 操作系统上采用 WAMP 架构的方法。

Moodle 平台的软件环境可以归纳为：

①Windows 或者 Linux 操作系统。

②Web 服务器：可以是 IIS，但推荐使用 Apache。

③PHP：至少 5.5 及以上。

④数据库：主要是 MySQL 和 Oracle。

⑤Moodle 的安装有两种方式：第一种方式是分别在服务器上按顺序安装 Apache、MySQL、PHP、phpMyAdmin、Moodle 五个软件；第二种方式是直接在官网（https：//download.Moodle.org/windows/）上下载 Windows 版本集成安装包。

平台搭建可参阅 http：//old.aieln.com/zt/8。

2.2.2　SCORM 标准

2.2.2.1　SCORM 标准概述

SCORM（Shareable Content Object Reference Model），通常译作"共享内容对象参考模型或共享组件引用模式"，是由美国国防部高级分布式学习（Advanced Distributed Learning，ADL）计划所拟定的标准，对于数字内容教材的制作、内容开发提供了一套共通的规范。

SCORM 标准描述了一个调配模型，这个调配模型提供一些能被广泛接受和贯彻执行的数字化学习标准。这些标准包括关于学习者和学习对象之间的信息交流的应用编程接口（Application Programming Interface，API）、一个描述这些信息的定义数据模型、一个实现学习内容互操作的内容包装规范、一些用于描述学习内容的标准的元数据元素，以及一些用于组织学习内容的标准的排序规则。

由于SCORM采用以上标准方法来定义和存取关于学习对象的信息，符合SCORM标准的学习内容对象具有高水平的可访问性、适应性、可承受性、持久性、互操作、重用性等特点。应用SCORM标准设计数字资源元数据格式，可以保证在"网络学习空间"中生成的资源均具有统一的标准，实现不同学习者之间的数据通信与交换，从而可以在网络学习空间中以课程为纽带组成学习联盟，实施网络课程共建共享。

SCORM标准的使用将会增强学习管理系统运行不同商家工具开发的内容和这些内容的数据交换能力，增强不同商家开发的学习管理系统运行相同内容以及这些内容在执行时的数据交换能力，增强多种网络学习管理系统产品/环境访问相同知识库的可执行内容并运行这些内容的能力。这种策略消除了为适合最新的技术平台需要而做的许多开发工作，将会使开发者更多地关注有效的学习策略。

2.2.2.2　SCORM标准技术框架

SCORM标准从提出到现在已有多个版本，分别是SCORM 1.0、SCORM 1.1、SCORM 1.2、SCORM 2004，其中应用最广泛的是SCORM 1.2，其次为SCORM 2004。

SCORM是一些规范和标准集合成的"技术手册"，这些技术手册目前被分成三个主题：内容聚合模型（Content Aggregation Model，CAM）、运行时间环境（Run – Time Environment，RTE）、排序和导航（Sequencing and Navigation，SN）。

（1）SCORM内容聚合模型

SCORM内容聚合模型描述了组成一次学习过程的材料如何包装才能使这些材料能够在不同系统之间交换，如何描述这些材料才能实现查询，以及如何定义这些材料呈现先后次序的规则。SCORM内容聚合模型促进了学习内容的一致存储、标识、包装、交换和查询。SCORM内容包装提供了描述内容结构、学习内容、元数据的统一形式，这种统一形式表述了内容结构和排序导航规则的不同组成部分。这种一致性促进了内容包及其资源的查询和获取（有助于符合SCORM的内容的重新使用），系统间以类似的方式建立内容体系结构，以及对内容包中的内容的标准解析。

SCORM内容聚合模型描绘了教学设计者和执行者为传递特定的学习体验而聚合学习资源的不同方法。学习资源是在一次学习体验中用到的信息的所有陈述。学习体验包括电子或非电子的学习资源支持的活动。

（2）SCORM运行时间环境

SCORM运行时间环境描述了学习管理系统对运行时间环境的要求，如内容启动过程、内容和不同管理系统之间的交流，以及用于呈现学习者过去信息的标准的数据模型元素。SCORM运行时间环境包括可共享内容对象（SCO）的要求及其在应用编程接口中的应用、SCORM运行时间环境数据模型。

SCORM运行时间环境的目的是提供可共享内容对象和学习管理系统互操作的方法。SCORM为学习内容在多种学习管理系统之间提供操作方法，无论是用什么工具开发的内容。为了使这成为可能，必须有一个共同的方法来启动内容，有一个内容和学习管理系统沟通的共同方法，并且预先确定运行过程中学习管理系统和内容交换的数据元素。这些元素的技术说明在SCORM运行时间环境中有描述，但是运行时间环境遵循这些数据元素的简单概述。

（3）SCORM 排序和导航

SCORM 排序和导航描述了符合 SCORM 的内容是如何通过一些学习者发起的或系统发起的导航时间排序的。内容的分支和流程可以用预先确定的一些活动来描述，尤其是在设计时定义。SCORM 排序和导航也描述了符合 SCORM 的学习管理系统是如何根据一些学习者发起的或系统发起的导航时间和它们对运行时间环境的影响来解释排序规则的。

2.2.3 个性化推荐技术

搭建了以 Moodle 为基本模型、以云计算技术为基础的集约化学习平台，给学习者提供了更加简洁、便捷、开放的学习平台，并为教师教学管理活动提供了更为便捷的平台。当大量的学习内容资源和学习活动同时呈现于平台中时，虽然 Moodle 提供了对于学习资源的分类和搜索功能，但是学习者难免会产生对于过载信息资源的困惑，很难快速找到适合自己学习的资源。如何既能满足不同学习者的专业类型、学习特征的学习需求，又能满足学习者的一般学习需求，怎样帮助学习者找到适合自己的学习资源，具有重要的研究意义。个性化推荐技术就是通过挖掘学习者的属性特征，分析学习者的历史学习记录，预测学习者可能感兴趣的学习资源给目标学习者。[①]

2.2.3.1 个性化推荐技术概述

个性化推荐起源于电子商务系统，根据用户的兴趣特点和购买行为，向用户推荐用户感兴趣的信息和商品。随着电子商务规模的不断扩大，商品数量和种类快速增长，顾客需要花费大量的时间才能找到自己想买的商品。这种浏览大量无关的信息和产品的过程无疑会使淹没在信息过载问题中的顾客不断流失。为了解决这些问题，个性化推荐系统应运而生。个性化推荐系统是建立在海量数据挖掘基础上的一种高级商务智能平台，以帮助电子商务网站为顾客购物提供完全个性化的决策支持和信息服务。

个性化推荐最大的优点在于，它能收集用户特征资料并根据用户特征，例如兴趣偏好，为用户主动做出个性化的推荐；而且系统给出的推荐是可以实时更新的，即当系统中的商品库或用户特征库发生改变时，给出的推荐序列会自动改变。这就大大提高了电子商务活动的简便性和有效性，同时也提高了企业的服务水平。

个性化推荐系统具有良好的发展和应用前景。目前，几乎所有的大型电子商务系统，如 Amazon、eBay 等，都不同程度地使用了各种形式的推荐系统，各种提供个性化服务的 Web 站点也需要推荐系统的大力支持。在日趋激烈的竞争环境下，个性化推荐系统能有效地保留客户，提高电子商务系统的服务能力。成功的推荐系统会带来巨大的效益。

Moodle 平台可以全面跟踪和记录学习者的历史活动，其中包括学习者访问资源的时间、次数以及场所，其中积累了大量对分析学习者行为非常有价值的信息。有效利用这些记录信息，并从中挖掘出每个学习者的学习特征及群体学习者之间的相似性，可以有效地为学习者的远程主动学习提供智能化、个性化的学习支持服务，为个性化推荐提供了大数据支撑。

---

① 贺媛婧. 个性化推荐技术在 Moodle 学习平台的应用研究 [J]. 中国教育信息化，2015（2）.

2.2.3.2 Moodle 中应用个性化推荐技术的三大模块

（1）数据采集及预处理模块

获取 Moodle 平台中每个学习者的学习记录，包括访问课程的时间、阅读次数、停留时间及访问的 URL（统一资源定位系统）等，这些历史日志都为推荐提供了大量的基础数据。然后合并相关数据并清除冗余数据，过滤掉多余的数据项，通过唯一标识符识别用户，为下一步的数据分析提供格式化数据。

（2）数据挖掘推荐模块

通过个性化推荐技术对学习者信息和学习记录进行数据挖掘，预测学习者对于平台学习资源的兴趣度，将兴趣度从大到小的前若干个学习资源作为推荐结果。

（3）推荐结果显示模块

经过推荐模块后，生成的推荐结果采用学习者易于理解和接受的形式动态地呈现给学习者，应用在学习者学习过程中，为学习者提供个性化学习资源和学习指导。

2.2.3.3 不同个性化推荐技术的对比分析

根据不同的推荐原理，有多种不同的个性化推荐技术，其中典型的推荐技术包括基于人口统计学的推荐、基于内容的推荐、基于用户的协同过滤推荐等。为了给 Moodle 平台的每一位学习者提供个性化的有价值的学习资源服务，最核心的就是要选取合适的推荐技术。本书结合学习资源的特殊性，分析对比几种不同的个性化推荐技术，并力图找到一种推荐准确率较高的推荐技术。

（1）基于人口统计学的推荐

它是一种最为简单的推荐算法，主要特点是不依赖于学习资源的具体属性，仅仅通过学习者的基本信息就可以推荐。例如，学习者 A 与学习者 B 都具有"工商管理专业""市场营销方向"及"本科"三个属性，则系统会根据学习者间固有属性相同，给二者推荐相同的学习资源。这种推荐算法简单，但是算法比较粗糙，缺乏精度，同时学习者的个人信息也较难得到，推荐效果很难令人满意，不适合提升学习者的积极主动性。

（2）基于内容的推荐

该方法是第一代推荐领域中应用最流行的算法，它根据用户过去喜欢的项目，为用户推荐和他过去喜欢的项目相似的项目。该方法最早主要应用于信息检索及过滤系统，可以仅仅根据学习者个人的学习兴趣，给学习者合理的推荐理由。但是由于该推荐需将每个项目抽取出一些特征或属性来表示，应用于学习资源推荐难免存在一些缺点：学习资源是非结构化资源，属性复杂不好处理，非结构化的属性往往表示的意义不太明确，属性取值也没有限制，不方便直接使用。即使可以将非结构化的学习资源通过标签进行结构化处理形成描述文件，但由于学习资源属性的复杂性和多维性，抽取属性仅仅代表资源的一些方面，不可能代表资源的所有方面，无法通过有限的维度来精确识别某一个学习资源。这样带来的直接问题就是，可能从两个不同的学习资源中抽取出来完全相同的属性特征，这种情况下基于内容的推荐就完全无法区分这两个学习资源。

（3）基于用户的协同过滤推荐

上述推荐方法，对于学习资源的推荐都具有一定的片面性，而基于用户的协同过滤推荐充分考虑了学习者在推荐中的核心作用，有效弥补了基于内容推荐的不足之处。协同过滤是基于一组兴趣相同的学习者进行的推荐，它根据与目标学习者兴趣相似的邻居学习者的偏好信息，产生对目标学习者的推荐列表，其本质是从学习者的历史记录来计算学习者间的相似度，从而进行预测推荐。该方法最大的优点就是能够处理复杂结构的项目分析，这刚好适合处理多样复杂的学习资源。此外，该方法有推荐的新颖性，可以推荐给学习者内容上与历史信息完全不相似的资源，可以发现学习者潜在的但是学习者自己尚未发现的学习兴趣，引导学习者学习新的感兴趣的资源。

综合上述三种推荐技术的优缺点，目前从应用实践上看，基于用户的协同过滤推荐是最适合于 Moodle 平台学习资源的推荐方法。基于该方法，如何选择一种合适的相似性度量方法、如何为学习者提供最优的推荐结果是下面重点研究的内容。

3 职业院校网络学习空间设计

网络学习空间是学生、教师、管理者、家长、企业工程师等多个主体之间的交流、分享、沟通、反思、表达、传承等活动的载体，是能够支持学习者个性化学习、能够鼓励学习者之间进行交互的一种网络设计产品。空间既指网络虚拟学习环境，也指个体能够存放知识、分享知识的物理空间。职业院校网络学习空间建设，主要根据教育部印发的《教育信息化十年发展规划（2011—2020年）》《职业院校智慧校园建设规范》，通过转变教育观念、创新教学模式、提高教学质量，逐步推广空间教学在教育、教学、管理等方面的应用，争取做到部门个个有平台，师生人人有空间、人人用空间。

3.1 网络学习空间建设现存问题

"十二五"期间，我国的"三通两平台"工程取得突破性进展。"网络学习空间人人通"在政、产、学、研多方力量的积极参与下迅猛发展，取得了可喜的成绩。然而，我国网络学习空间的建设仍存在一些不可回避的现实问题。

3.1.1 网络学习建设现存的普通问题

（1）空间认知缺乏共识，建设呈盲目状态

自"三通工程"提出以来，各级教育行政部门、各类学校以及广大企业逐步认识到网络学习空间建设的重要意义，全国各地纷纷掀起一股网络学习空间建设竞赛热潮。但是，网络学习空间究竟是什么、建设有何要求、该如何应用，网络学习空间建设的参与者们对这些基础性问题尚未达成共识。高涨的热情既推动了各地网络学习空间的"百花齐放"，又导致网络学习空间的盲目建设和资源浪费。已有学者对此表示担忧："很多人认为只要建设一个平台，给教师和学生一个账号就算完成了人人通的建设。""绝对不能将网络学习空间理解成在资源网站开通实名认证的个人空间。"关于网络学习空间的概念，虽然有学者从不同角度进行了探讨，但仍未取得政府以及社会的一致认可。此外，网络学习空间建设规范的缺失也直接影响各地网络学习空间平台的建设进度与建设质量。

（2）活跃度不够，缺少实质性的、常态化的应用

当前我国网络学习空间的发展整体处于"建设期"，各地网络学习空间云平台陆续建成，广大师生网络学习空间逐步开通。调研发现，国内大多数网络学习空间云服务平台的注册用户数量和资源量都有一定的规模，但空间的访问量和活跃用户数却很不乐观。"网络学习空间人人通"的核心在"通"，而"通"的目的在"用"，而"用"的价值体现在"常态化"。虽然，国内部分省市（如湖南、北京等）在网络学习空间的教学应用与管理应用方面开展了有益的实践探索并取得了一定的成绩，但仍未形成可推广的、切实与教育教学实践全面融合的常态化应用模式与策略。网络学习空间的应用培训工作未引起足够重视，培训的内容体系与模式尚不清晰，导致很多教师开通了网络学习空间却不知空间为何物、有何用、如何用。此外，从研究来看，有关网络学习空间应用的文献数量有限，且大多是一线实践者应用经验的零散总结，网络学习空间应用研究的深度与广度有待提升。

（3）智能性不足，网络学习空间数据尚未有效利用

网络学习空间的智能性直接影响空间的应用效果和持续性。当前，教育数据挖掘、学习分析、数据可视化、物联感知等智能技术还未在网络学习空间平台中得到实质性应用。国内大多数网络学习空间云服务平台存在智能性不足的问题，主要表现在：一是空间难以根据用户的行为记录、知识结构以及偏好、学习风格等数据，精准推送用户所需的资源、工具、活动与服务；二是空间难以对有潜在学习失败风险、心理健康问题以及学习困难的学生进行预警和有效干预；三是空间无法针对每位学习者的个体差异提供最适合的个性化学习路径；四是空间难以对每位学习者的学习情况提供个性化诊断与智能反馈；五是空间未能根据用户的业务需求建立（半）自动化的处理机制，切实减轻教师和管理者的工作负担。数据是实现空间智能性的基础，虽然很多空间已经采集了大量的结构化与非结构化教育数据，但这些数据的价值尚未得到有效发挥，多用于简单的统计分析，数据应用层次偏低。

（4）纽带作用不明显，联通价值没有充分发挥

网络学习空间不仅仅是一个虚拟空间，还是连接课堂、校园、家庭和社区的重要载体，是连接教育管理者、教师、学生以及家长等的核心纽带。现阶段我国网络学习空间的联通价值并未有效发挥。一方面，基于空间的混合式教学未成气候，空间未能联通线上线下、课堂内外以及校内校外的学习活动，不同的学习场所也未能通过空间形成无缝整合的学习环境；另一方面，人际联通的范围非常有限，空间平台的用户黏性较差，学生之间、教师之间、师生之间、教师与家长之间、教师与管理者之间未形成持续扩展与高效互动的人际网络，"空间孤岛"现象严重。

3.1.2 职业院校网络学习空间建设面临的现实问题[①]

（1）网络学习空间构成要素缺乏针对性，不能满足校企合作、产学结合的需要

目前，职业院校网络学习空间主要由虚拟社区、博客、教学资源库、学习平台等模块组成，教学资源库在形式上沿用了精品课程的框架，没有和职业院校的教学过程融合，在内容上很难紧跟学生个性学习需求和职业岗位技术发展要求；学习平台提供的课程框架和学习工具，主要服务于课堂教学和学生课余自主学习，适用于研究性学习，缺少对实践教学的支持

[①]张跃东. 职业院校网络学习空间建设机制与应用模式探索［J］. 中国职业技术教育, 2018（4）.

与服务。2014年，教育部颁发了中等职业教育和高等职业教育的专业教学标准，在教学标准的指导下，职业院校普遍强化了校企合作，实施工学结合的人才培养模式，专业课程教学内容多以项目化的形式呈现，教学过程强调"做中教、做中学"。职业院校的网络学习空间需要吸引企业参与，学习内容要以项目和任务的形式组织。职业教育专业多、学生差异性大，需要网络学习空间提供更丰富的学习工具和资源，方便师生结合岗位职业能力培养要求构建面向不同场景的学习活动，需要有多维度的数据分析工具，对学生学习过程的数据进行深度挖掘，得出有效结论，来精准提供个性化的学习支持。

（2）网络学习空间技术平台不兼容，数字资源共建共享难落实

网络学习空间的优势在于资源共享。目前，不同软件厂商提供的网络学习空间支撑平台多不兼容，职业院校网络空间建设与应用没有统一的技术规范，致使学习资源的"共建"与"共享"不易实现良性互动。例如：在"职教新干线"上建设的网络课程和学生的学习数据不能直接迁移到"科大讯飞"网络学习平台，也不易迁移到清华学习在线"雨课堂"，应用不同的网络学习平台的学校很难共建共享网络课程。课程建设是职业院校教学的核心工作，职业院校的课程具有标准化（参照职业标准建设课程标准）、一体化（理论教学与实践教学融通，学中练，练中学）、全程化（职业道德教育和职业能力培养贯穿课程教学始终）、多元化（学校、行业和企业多方共同进行课程开发，课程多元评价）和信息化（多类别的数字化学习资源和智慧化学习环境）等特点，多校联合、校企合作共建共享课程是职业院校课程开发的必然要求。职业院校网络学习空间建设不能只注重技术创新，更应切合职业教育的特点，从"校企合作、校校合作、用建结合、共建共享"的视角，建立统一的技术标准和管理规范。

（3）缺乏有效的应用模式和管理机制，很难激发学校、企业、学生应用网络学习空间的主动性

随着"三通二平台"工程不断推进，网络学习空间支撑平台如雨后春笋般涌现，职业院校近几年都在积极建设网络学习空间。据统计，"十二五"末，上海、江苏、安徽、浙江、山东等省市职业院校师生网络学习空间开通率超过90%。但实地调查发现，职业院校网络学习空间实际利用率不高，教师不愿意把自己制作的优质资源上传到平台，企业不愿意把活动搬进网络学习空间，学生的学习过程数据很少。例如："职教新干线"是开放式的，教师上传的资源可以被所有用户下载使用，教师不愿意把自己制作的优质资源上传到平台，教师空间中大量资源是从其他网上转载的，很多教师的网络空间外表华丽，但实用性和针对性都不强，学生的学习过程数据很少。又如："超星泛雅"很注重知识产权保护，网络课程限于课程开发者或课程购买者使用，导致课程开发者往往局限于本校的教学团队。由于不同职业院校实践环境、合作企业、面向的"服务域"不同，不是校际合作共建共享的项目化课程缺乏"迁移性"和"针对性"，很难被推广应用。再如：学生在"问卷星""雨课堂""考试在线"等在多个平台上的学习过程数据不易在个人的网络学习空间融合，很难实现深度数据挖掘和个性化的学习服务。

3.1.3 解决问题的方法

（1）构建适应"校企协同育人"的网络学习空间建设框架

从适应学生个性化发展、方便师生构建面向不同场景的学习活动、服务产教融合校企合作、有助于构建培训体系的视角，设计"虚拟学习共同体"构成要素，构建职业院校网络学

习空间建设框架。

（2）建立网络学习空间"免费建设无偿使用"机制

探索应用开源 Moodle 平台和 SCORM 标准建设网络学习空间的策略与方法，帮助职业院校免费建设校本网络学习空间，形成面向全国"免费、开放、共享"的网络学习空间。

（3）设计"动态发展"的数字资源建设规范

应用生成性学习理论和 SCORM 标准，从"构成要素、建设过程、元数据"三个层面设计数字资源建设技术规范，在网络学习空间中共建共用网络课程，实现资源建设与教学过程融合，促进资源的动态发展和再生创新。

（4）制定"建、用、评一体"的网络学习空间管理机制

研究学校、企业、教师、学生的实际需求，制定不同群体在网络学习空间中建设、应用、学习课程的任务和权限以及评价体系，保障网络课程建设的规范性，激发参与主体的积极性，促进学校、企业、教师、学生形成学习共同体。

（5）实践"以学生自导性学习为主线"的教学模式

探索职业院校学生网络学习行为分析与推荐机制，建立数据、机制、结果三层模型，从"课前、课中、课后"三个层面向学生推荐和呈现个性化的学习资源与任务，为学生自导性学习提供智能化、个性化服务，激发学生学习的积极性和主动性。

3.2　职业院校网络学习空间需求分析

3.2.1　总体需求分析

网络学习空间以网络学习平台的形式进行设计和展现，但绝非学习内容的简单堆砌，而是具备交流互动功能和融入丰富的教学应用的空间。空间只是一个具体表现的载体或方式，交流通信与各类教育应用的引入就像一个人有了血液和思想，这才是一个鲜活的生命。空间与空间之间、空间与应用之间都存在着千丝万缕的关系，而我们可以通过不同维度的方式加以展现。

①强调通：信息能否在不同主体之间进行无缝传递，既有通的内容，又有通的方式。

②强调分享：资源在不同的主体之间能够通过一定的规则进行主动传送和分享。

③强调整合与集成：网络学习空间包含了传统的多种学习功能的一个聚集页面，不再需要登录多个系统操作相关业务，而是所有和主体相关的业务均无缝整合在学习者的页面中，能否通过该空间操作所有的功能。

④强调个性化：学习空间更加强调个性化，强调不同主体的空间内容应该适应主体的特征。

职业教育重视学生自主学习能力和职业技能的培养，而网络学习空间的建设，为广大师生提供基于空间化的管理和应用，提供课程建设管理、学习进度、学习过程和顶岗实习历程的监管，能大大提升职业教育的教学效率，巩固教学成果。

职业院校网络学习空间建设的主要任务共有两个：一是系统管理员运用后台进行资源管理；二是学生、教师、企业技术人员、辅导教师、课程负责人各自掌握自己的主要职责，达到教学互动的目的（如表3-1所示）。

表 3-1　网络学习空间人员职责

角色	描述
管理员	可以操作空间内任何课程
课程负责人	课程负责人可以创建新课程，完善课程资源
教师	教师可以在负责的课程中做任何事，包括更改活动和为学生评分
企业技术人员	企业技术人员重新编辑使用课程，发布公告等
辅导教师	辅导教师可以在课程中给教授和学生打分，但是无法改变活动
学生	学生在课程中可以浏览课程、提问、完成作业等
访客	访客拥有最小的权限，而且通常不能在任何地方输入文本

整个网络学习空间支撑平台管理分三个模块：教师（包括课程负责人、企业技术人员、辅导教师等）、学生和系统管理员（如图 3-1 所示）。

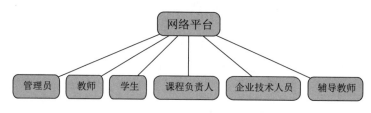

图 3-1　网络学习空间功能需求结构

3.2.2　学校需求分析

学校作为网络学习空间建设主要责任人，需要负责学校信息化建设日常工作，落实领导小组议定事项及空间建设的指导、组织和协调工作，负责机构平台资料更新与后台管理；及时通报全校教职工在空间建设中存在的问题；负责空间账号的申请与发放、密码重置工作；负责每月全校师生空间情况数据统计、上报工作；对全校教职工的空间建设内容、质量、进度情况进行督导；对全校学生建设空间情况进行督导，如有非规范语言出现，应及时反馈给学生工作小组。

系统中设有管理员身份和权限，只有具有管理员身份的用户才有权限登录管理后台。管理员在登录后可以对用户、论坛、系统公告、教学和资源进行管理。

管理员主要模块功能分析如下：

（1）系统公告

修改、删除、发布信息、浏览公告。

（2）教师公告

浏览、删除课程公告。

（3）学生

注册、修改学生信息或者删除某个学生；对学生注册申请做出查看，并且就这个申请做出对其授权或不通过授权的判断。

（4）教师

查看已注册信息，修改、删除、注册信息；查看、判断教师申请。

（5）管理员

添加、删除、查看管理员信息。

（6）课程库

查看、添加、删除、修改课程信息，授权教师授课申请。

（7）作业库

能够查看系统内作业名称、实际完成人数、课程名称、教师名称、教师批改份数以及剔除作业信息。

（8）查询信息

查询已开设课程数量、已注册的教师数量与学生数量，查看每一课程发布作业总数、批改总数、完成作业数、该课程发表论文以及选择该课程的学生数。

（9）作业成绩的管理

查询选课学生成绩。

3.2.3 企业需求分析

校企合作企业空间是企业展示企业形象和成果，及时发布人才需求、技术攻关、员工培训需求等信息，实现成员之间信息共享、技术交流与业务合作的平台。企业论坛界面如图3-2所示。通过企业与学校互动、与教师互动、与学生互动，多方面实现企业和学校间平等协商合作，切实推动企业与学校间的需求对接与信息互通。

图3-2 网络学习空间中企业论坛界面

3.2.4 企业技术和管理人员需求分析

企业技术和管理人员是校企合作的主要力量，需要对企业简介、企业荣誉、企业文化、主要产品等进行专门介绍；对新技术、新产品、专利发明、社会服务，以及学校和企业（企业和企业）在人才培养、技术创新、项目开发等方面的合作成果进行展示；在依托网络学习空间进行课程教学、上传数字化资源的同时，负责与学校、教师、学生进行交流，并使用网络学习空间对学生使用信息进行跟踪考核，为企业提供高素质技术技能型人才。企业用户管理界面如图3-3所示。

图3-3　企业用户管理界面

企业技术和管理人员主要模块功能分析如下：

（1）企业介绍

修改、删除、发布企业信息和浏览公告。

（2）课程公告

修改、删除、发布所任课程公告。

（3）注册申请

网上注册之后由管理员授权，申请注册信息有：电子邮件、姓名、密码、注册名以及班级等。

（4）授课申请

运用该教学系统讲课前，需要网上申请，管理员同意授权后方可使用，还需要提供课程简介、章节数、学时数、所属专业与年级等。注册申请后，管理员会安排相关网上使用空间和平台。

（5）课程文件维护

能够在线管理，删除文件，或者上传、下载文件，也能够上传压缩包文件之后解开压缩，下载某一目录等维护工作。

（6）课程预览

浏览所授课程。

（7）课程答疑

能有权限回复学生关于此课程的疑惑，删除不恰当帖子，亦可编辑自己的帖子，从而在线给予学生答疑。

（8）课程作业

布置作业可采用自动生成和手工录制两种方式；重新编制排版作者；删除、查看和在线批改作业。

（9）使用与查询视频资源

浏览、查询、申请下载教学视频。

(10) 设置个人密码

设个人密码,以保障教学资料安全。

(11) 查询信息

浏览论坛发帖情况、批改作业进度、查看发布的作业情况以及课程信息等。

3.2.5 课程负责人需求分析

课程负责人主要负责课程标准的修订,课程建设素材库的收集整理、分类、归档;组织校企双方进行题库编写、脚本制作、任务发布;与企业交流合作、线上线下授课、培训需求的调研、培训效果的反馈采集等。

3.2.6 教师需求分析

系统中有教师和学生模块,教师登录到相应的模块,在其中可以制定电子教案,可以删除、发布、修改电子教案,如图3-4所示。此平台更有利于教师布置作业、解疑、提出问题等教学事务,另外也可以管理教师的个人信息和资料。

图3-4 网络学习空间教师常用功能模块

教师主要模块功能分析如下:

(1) 课程公告

修改、删除、发布、所任课程公告。

（2）注册申请

网上注册之后由管理员授权，教师的申请注册信息有：电子邮件、姓名、密码、注册名以及班级等。

（3）授课申请

运用该教学系统讲课前，需要网上申请，管理员同意授权后方可使用，还需要提供课程简介、章节数、学时数、所属专业与年级等。注册申请后，管理员会安排相关网上使用空间和平台。

（4）课程文件维护

教师能够在线管理，删除文件，或者上传、下载文件，也能够上传压缩包文件之后解开压缩，下载某一目录等维护工作。

（5）课程预览

浏览所授课程。

（6）课程答疑

能有权限回复学生关于此课程的疑惑，删除不恰当帖子，亦可编辑自己的帖子，从而在线给予学生答疑。

（7）课程作业

布置作业可采用自动生成和手工录制两种方式；重新编制排版作者；删除、查看和在线批改作业。

（8）使用与查询视频资源

浏览、查询、申请下载教学视频。

（9）设置个人密码

设置个人码，以保障教学资料安全。

（10）查询信息

浏览论坛发帖情况、批改作业进度、查看发布的作业情况以及课程信息等。

3.2.7　辅导教师需求分析

辅导教师主要协助教师与学生进行交流，可以浏览教师和学生的各项内容，但不能修改教师课程资源，可以给教师和学生进行打分。辅导教师界面如图 3-5 所示。

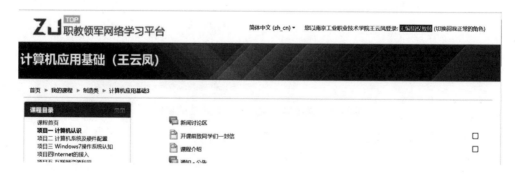

图 3-5　辅导教师界面

辅导教师主要模块功能分析如下：

（1）注册申请

网上注册之后由管理员授权，辅导教师的申请注册信息有：电子邮件、姓名、密码、注册名以及班级等。

（2）授课申请

运用该教学系统讲课前，需要网上申请，管理员同意授权后方可使用，还需要提供课程简介、章节数、学时数、所属专业与年级等。注册申请后，管理员会安排相关网上使用空间和平台。

（3）课程答疑

能有权限回复学生关于此课程的疑惑，删除不恰当帖子，亦可编辑自己的帖子，从而在线给予学生答疑。

（4）课程作业

可以批改学生作业，删除、查看和在线批改作业。

（5）课程预览

浏览所有课程。

3.2.8 学生需求分析

除管理员模块和教师模块之外，学生亦可有权限登录属于自己的模块，而教师和管理员可以自由地进入学生模块，但仅有浏览的权限。在此平台中学生可以修改个人信息、发布消息、选择课程、讨论课程等。学生（包括顶岗实习学生）可利用空间与教师、班主任进行交流互动，自主探索、协作学习，提高探究知识及处理、交流信息的能力。

学生主要模块功能分析如下：

（1）浏览课程公告

查看已选课程，主要可查看公告发布时间、标题、内容，了解学习情况。

（2）浏览教师信息

浏览任课教师的注册名、个人简介、电子邮件、联系电话、工作职称、性别以及年龄等基本信息。

（3）浏览课程信息

查看课程章节数、教学设计、课程类型、简介、名称等。

（4）课程学习

选定学习课程，打开相关视频及课件，便可网上学习。

（5）课程讨论

学生可在该论坛中互动，可发帖提问亦可回复疑问，可删除和编辑已提问题。

（6）课程作业

完成该作业后，可浏览已写内容、在线下载或完成作业；可查看已批作业的评语和成绩。

（7）查阅教学视频

查阅课程附带的教学视频，进一步巩固自己的学习内容。

（8）个人设置

设置密码，保障学习资料安全。

（9）注册申请

在使用该平台前需要注册提交包括姓名、密码、电子邮件以及注册名等信息，并由管理员授权。

（10）查询信息

查询已修课程任课教师、作业情况和课程基本情况。

3.3　网络学习空间框架设计

网络学习空间的整体结构如图3-6所示。

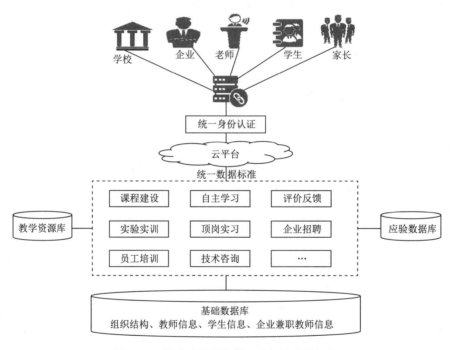

图3-6　职业院校网络学习空间建设的框架

3.3.1　网络学习空间建设目标

（1）数字化教学

实现数字化的教学能力，以课堂建设为手段，以学生学习为中心，以网络督管为辅助，提倡自主学习、合作学习和个性化学习，旨在帮助学生获取专业知识和能力的同时，培养学生主动学习能力和创新能力。

（2）数字化管理

数字化管理指借助于信息管理系统，如网上办公系统、督教督学系统等现代办公和管理工具，帮助管理者进行决策，提高管理效率。

(3) 过程化督管

对教和学的过程与结果进行评价和管理,方便管理者对整个教学过程进行督管。

(4) 空间化应用

以网络学习空间人人通的模式进行建设,以此为载体向用户提供统一化的空间、信息、应用和服务。

3.3.2 建设内容

3.3.2.1 基础服务平台设计

基础服务平台是网络学习空间的基础核心平台,网络学习空间的所有应用都在核心平台上运行。

基础服务平台包含统一的门户网站和统一的管理中心,基础服务平台采用统一身份认证技术,采用统一标准、统一接口管理。

(1) 单点登录

所谓单点登录是指基于用户/会话认证的一个过程,用户只需一次性提供凭证(仅一次登录),就可以访问多个应用。目前单点登录主要基于 Web 的多种应用程序,即通过浏览器实现对多个 B/S 架构应用的统一账户认证。

CAS(Central Authentication Service,中心认证服务)的目的就是使分布在一个教育机构内部各个不同异构系统的认证工作集中在一起,通过一个公用的认证系统统一管理和验证用户的身份。在 CAS 上认证的用户将获得 CAS 颁发的一个证书,使用这个证书,用户可以在承认 CAS 证书的各个系统上自由穿梭访问,不需要再次登录认证。

平台的单点登录功能必须支持以下访问方式:直接访问基础平台,登录后再访问应用系统;直接访问应用系统,然后由基础平台验证登录过程,最后进入应用系统;访问与本平台有数据关联的第三方业务平台时,能实现跨平台登录。如图 3-7 所示。

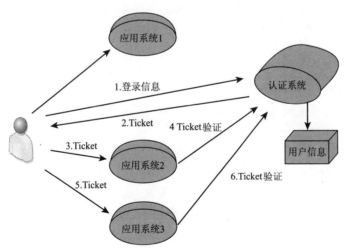

图 3-7 网络学习空间登录设计

（2）统一身份认证

平台提供单点登录入口，用户首次登录平台时通过该入口输入用户名和密码进行统一身份认证，认证通过后即可以自由访问基础平台的个人中心、活动中心、管理中心、站群系统、资源平台以及与平台实现了单点登录的应用系统而无须再次进行身份认证。

平台的统一身份认证采用 OAuth 协议，该协议为用户资源的授权提供了一个安全、开放而又简易的标准。与以往的授权方式不同的是：OAuth 的授权不会使第三方触及用户的账号信息（如用户名与密码），即第三方无须使用用户名与密码就可以申请获得该用户资源的授权。

网络学习空间统一身份认证系统架构如图 3-8 所示。

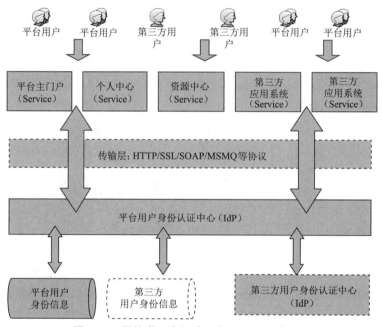

图 3-8　网络学习空间统一身份认证系统架构

图 3-8 简要描述了网络学习空间人人通统一身份认证系统基础架构，是基于 OAuth（开放授权）实现的。其中，所有接入平台的第三方应用系统，需要在平台注册并被授权后才能接入平台；注册成功后，平台会返给第三方应用系统相应的 AppKey（公钥）和 AppSecret（私钥），通过 HMAC-SHA1 签名，保证给第三方应用系统和平台之间的消息传输的安全性。

平台目前通过数据库的方式存储平台的用户身份信息。另外，对于已有大量用户基础的第三方应用系统，使用用户身份绑定方式进行。

OAuth 基本原理：为了使用平台提供的应用程序接口，用户需要向平台申请（将来可能会改为线上方式直接申请），平台会给每一个第三方应用系统一个专属的 AppKey 和 AppSecret。AppKey 跟 AppSecret 的使用方式跟其他一些协议中的公钥、私钥的方案相类似，用户可以使用熟悉的编程语言将 AppKey 和 AppSecret 结合，为发出的每个请求添加签名，以此来向平台表明自己身份的合法性。

OAuth 基本流程简介：平台的多数第三方应用系统主要基于 Web 方式向最终用户或其他应用系统提供服务，图 3-9 描述了平台统一身份认证环境中，基于 OAuth 方式的典型验证流程。

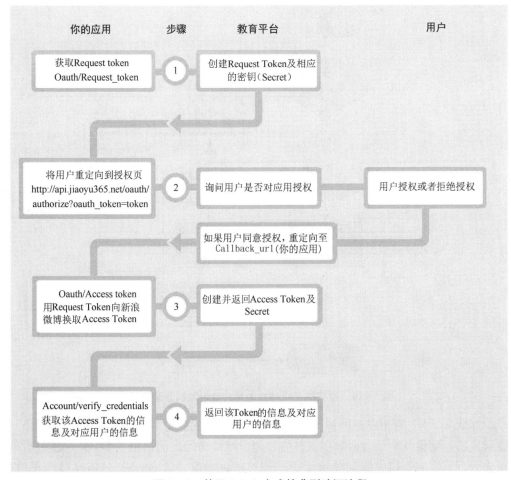

图 3-9 基于 OAuth 方式的典型验证流程

OAuth 提供两种认证方式：Query String 和 Http Headers。我们推荐使用 Http Header 方式进行认证。

针对教育平台的目标以及特点，从统一用户角度来看，需要接入教育平台的第三方应用系统主要可能有以下两种场景。

一是没有或无须独立的用户身份数据。如果第三方应用系统在接入时自身没有任何用户信息，或者具有一定数量的用户，经过合作协议并且技术可行，则可以将这些用户信息完全导入平台中。该第三方应用系统经过简单改造并接入平台后，将直接使用平台的用户信息，自身不再保存和维护用户身份信息。该第三方系统在接入平台后，需要以友好的方式通知其系统内原有的老用户，使得这些老用户平滑过渡，以获得良好的用户体验。

这种情况下的登录流程如图 3-10 所示。

用户访问 Service 的受限资源，Service 首先判断自身的会话状态缓存列表中是否存在当前用户登录会话信息。如果存在则继续访问；如果不存在，则调用统一身份认证的客户端组件接口，检查该用户身份的会话标识是否有效，如果有效，则登录成功，同时更新 Service 本地的会话缓存，并引导用户继续访问用户之前请求的 Service 受限资源。

如果经过上述判断，仍未找到有效的用户身份，则 IdP 将用户定向到用户统一身份认证中心的统一的登录页面，引导用户完成登录过程。

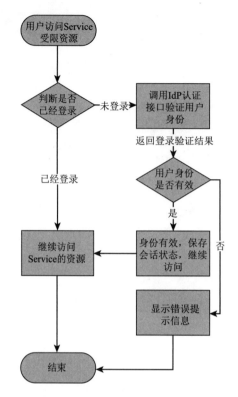

图 3－10　没有或无须独立的用户身份数据登录流程

登录完成后，IdP 将用户返回到 Service，则根据 IdP 的身份验证响应结果进行判断：如果用户登录成功，则更新本地会话缓存，并引导用户继续访问之前请求的 Service 受限资源；如果登录失败，则定向到错误信息提示页面。针对这种情况，该 Service 只需经过简单改造即可，可能存在的重点改造过程如下：修改用户登录和用户身份验证代码，将原有的登录逻辑修改成按照平台应用程序接口或直接调用平台提供的组件接口，通过教育平台的 IdP 实现身份验证；用户登录会话状态可仍保持原有逻辑，由 Service 自身维护；如果 Service 要求单点注销，则需要在恰当的时机（如果页面加载时）调用平台提供的组件接口，从 IdP 检查用户的登录状态；如果用户手工从 Service 注销，则 Service 除了清空本地的会话状态，还需要调用 IdP 的注销接口，已实现单点注销过程。Service 自有的用户扩展信息（如个人资料、家庭地址等）以及受限资源的鉴权，可保持原有的应用逻辑，无须修改。

二是已存在大量的用户身份数据。如对接的第三方应用系统本身已经存在大量的用户，从技术角度或合作协议的限制，这些用户信息无法导入平台中，使得第三方应用系统的用户和平台用户属于两个不同的用户系统。这种情况又会存在以下两种形式，对应的解决方案如下。

首先，平台用户可以访问第三方应用系统，第三方应用系统的用户不可以访问平台。对于这种情况，可以使用"用户账号关联绑定"的方式解决，即在第三方应用系统内实现和维护平台用户和该系统自身用户账号之间的关联关系。详细解决方式如图 3－11 所示。

当平台用户第一次访问第三方应用系统时，该系统显示账号绑定的界面，询问当前用户是否已经具有该第三方应用系统的登录账号。

如果有，则让用户输入该第三方应用系统的登录账号和密码，第三方应用系统对账号、密码验证成功后，在其系统内建立关联关系。

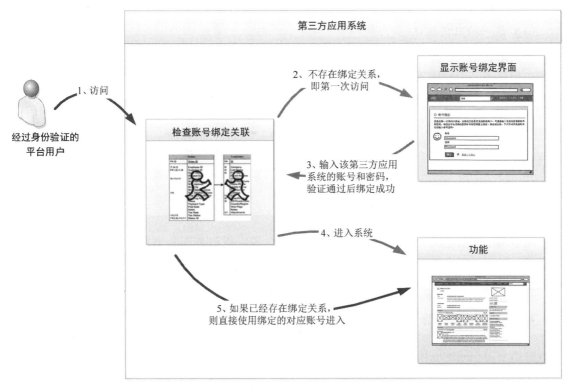

图 3-11 已存在大量的用户身份数据登录流程

当平台账号和第三方应用系统账号绑定成功后，该用户下次再访问该第三方应用系统时，无须再次出现该绑定界面，并且无须让用户再次输入该第三方应用系统的登录账号和密码，在第三方应用系统内部直接使用之前绑定的该应用系统用户账号来表示当前登录用户的身份。

如果平台用户不具有该第三方应用系统的登录账号，则由该第三方应用系统根据自身系统需求来决定如何处理。

至于第三方应用系统接入后，是否继续保留该系统原有的用户账号注册和登录功能，根据第三方应用系统自身需求决定，或根据与平台的合作协议约定。

其次，平台和第三方应用系统的用户可以互访。第三方应用系统识别平台用户的过程和上文第一种场景相同，主要是通过平台提供的应用程序接口或组件接口，到平台统一身份认证中心进行验证，平台识别第三方的用户并将其作为平台内的用户。

验证的过程：第三方应用系统提供其用户身份信息存储方式和数据结构说明（如数据库或 LDAP）或 WebServices 接口，由平台或第三方应用系统封装成 .Net 组件，供平台统一身份认证中心调用；当第三方应用系统发送身份验证请求时，根据用户提交的身份标识，判断来自平台自身还是某个第三方应用系统，以便调用对应的用户身份访问方法，完成验证过程。

3.3.2.2 统一接口管理

统一接口管理功能为各系统间的数据共享与互通提供各种接口服务。平台提供丰富的接口以及接口的参数定义描述，便于第三方开发代理程序接入系统。凡是基础数据库定义的信息项都必须有相对应的数据接口，平台对各类数据交换接口进行有效的管理。统一的接口管理主要实现的目标如下：

（1）统一的应用接口

平台需要集成多种应用服务，同时满足根据运营需要切换不同的应用服务提供商或扩展新的应用服务，因此应用管理层必须要实现基于国家规定的相关教育信息标准，实现统一的应用接口，实现系统的集成与扩展应用能力。

（2）多应用集成的数据接口

平台中存在众多不同来源的应用服务，既有可能是现有应用集成提供的服务，又有可能是平台自身开发的及第三方合作提供的应用服务，平台必须要实现这些应用服务中使用数据的转换与映射，从而提供多应用集成的交互功能。

（3）应用的二次开发能力

随着网络学习空间人人通的建设发展，其包含的应用服务不断丰富。为了满足用户需求与运营的需要，平台需要一种机制来实现对平台现有的应用服务组合，从而实现对现有应用的二次开发能力。

3.3.3 网络学习空间应用设计

网络学习空间的应用如图3-12所示。

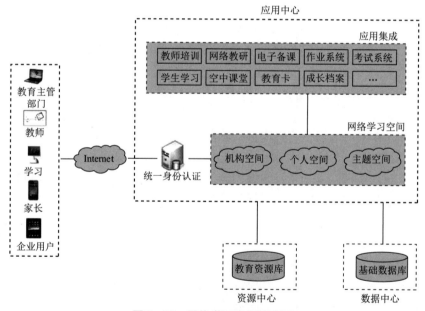

图3-12 网络学习空间的应用

3.3.3.1 网络学习空间定位

（1）办公桌面和应用入口

网络学习空间是用户现实工作、学习和生活的模拟与升华，用户可以将自己的工作学习活动搬到空间中，利用空间进行工作学习和互动交流。

利用空间页面上提供的各类应用入口，用户可以方便快捷进入相应的应用系统，开展自己的工作、学习和交流。

（2）交流通信

网络学习空间不仅服务于日常工作学习，同时也是互动交流的平台，用户可以利用空间提供的微博、短消息、邮件、短信、留言、好友、关注等形式与其他用户进行在线交流和互动，也可以通过空间进行个人生活与思想的记录和展示。

交流通信机制的引入使得个体的空间与空间之间、个人与个人之间有了互动，这样才会吸引用户，增强空间的凝聚感。

（3）应用集成

网络学习空间提供各类应用的集成，方便用户开展在线工作学习和活动。如：面向教师的工作，可以提供教师培训系统、网络教研系统、备课系统、空中课堂等应用；面向学生，可以提供在线学习系统、在线作业、考试系统等应用。系统同时提供各类寓教于乐的游戏，吸引用户对平台的使用。

（4）教与学历程展现

网络学习空间科学、系统、全面地记录了教师和学生利用空间进行教学、培训、学习、评测、生活、交友和个人发展提高等过程，是师生教与学历程的汇总和展现。

网络学习空间可以采用时间轴的形式展现用户在每个时期和阶段的工作与生活情况，既是对以前情况的回顾，同时也有利于用户对之前的工作与生活情况进行总结和提高。

3.3.3.2 网络学习空间功能模块

网络学习空间包含的功能模块如图3-13所示。

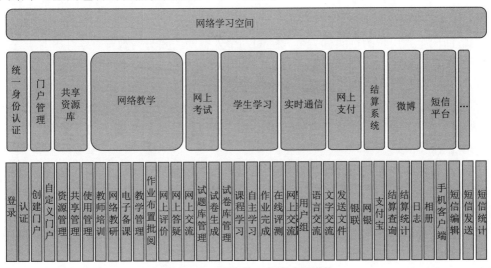

图3-13 网络学习空间功能模块

网络学习空间中集成了丰富的教育应用，具体的应用也可以根据需要进行加入和关闭，图3-13中只是列举了网络教学和学生学习的部分应用。

3.3.3.3 网络学习空间分类

网络学习空间可分为机构空间、个人空间和主题空间三大类，如图3-14所示。

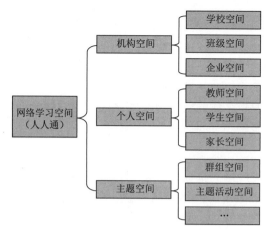

图3-14 网络学习空间分类

(1) 机构空间

机构空间可分为学校空间、班级空间和企业空间。

学校空间提供校园动态、通知公告、名师风采、优秀学生等信息的展示,同时是学校资源汇聚展示的窗口。

班级空间可提供班级成员、班级动态、班级公告、班级成绩、班级作业、课程表等内容的管理。

企业空间是向资源运营商、社会企业等提供的空间,包含企业简介、企业信息发布、运营资源等内容。

(2) 个人空间

我们将面向个人用户的空间称为个人空间。个人空间主要分为教师、学生和家长三种。

教师主要利用教师空间进行教案编写、资源管理和教学交流。教师同时可以通过空间提供的教师培训、网络教研、电子备课、空中课堂等应用开展在线教学活动。

教师空间记录着教师对教学目标和标准的理解、教师对自我教学的反思性评价、教师创新的教学设计案例、职称荣誉及日常生活感悟等,所以教师空间实际上也是教师个人成长和发展的一个记录。

学生通过自己的个人空间(学生空间)可以进行在线课程学习、自主性学习、作业的完成提交和成绩查询。利用个人空间,学生可以和教师、同学进行交流互动,解决学习和生活过程中面临的各种问题。

学生空间同样记录着学生的学习、作业、成绩和生活历程等信息,所以学生空间中的部分信息可以视作学生成长档案的一部分。

家长利用家长空间可以关联到学生的班级空间、教师空间和学校空间,了解孩子的学习和生活动态,通过阅读家长空间的教育文章了解最新的教育方法和理念,同时可以参与到与班主任、班级和学校的互动中来。

(3) 主题空间

主题空间分为群组空间和主题活动空间两种。一般情况下,出于管理上的需要,主题空间的创建需要机构管理员进行审核,当然也可以通过后台设置允许用户自行创建主题空间。

群组是多个用户的组合,如好友群、学习群、兴趣群等。针对群组,也设计了群组空间,允许用户通过群组空间进行群组活动的开展,如群组讨论、群组投票等。

主题活动空间是为了配合某项主题活动而创建的一种空间形式。例如,学校举办征文活动、教师为了某项教研课题而创建了一个教研协作小组,这些活动都可以创建相对应的主题活动空间,通过主题活动空间对相应的活动进行管理和维护。

3.3.3.4 空间特点

我们一直强调教育的主体是个人,以前校校通、班班通解决的只是面的问题,人人通实现后解决的将是点的问题,点面结合才从真正意义上实现了职业教育信息化建设的最终目标。因此,网络学习空间的建设应服务于教育主体的个人,在设计和使用中要能吸引用户,尽量满足空间个性化、应用实用化、操作易用化和管理全程化的需求。

我们认为网络学习空间的建设应具备以下特点:

(1) 空间个性化

应提供不同风格类型的空间模板供用户自己选择;栏目板块允许自定义(如可后台设置"留言板"功能的开启,允许用户自行增加自己感兴趣的栏目);页面布局可调整,栏目板块位置支持可视化拖拽。

(2) 应用实用化

采用空间+应用的模式,应用服务于教与学。

(3) 管理全程化

实现全程化的教学监控、学生管理(教学过程、学习过程、成长历程)。

(4) 操作易用化

界面简洁大方,一站式空间;栏目板块分类清晰明了;操作简单易用。

3.3.4 成长档案

如图3-15所示,网络学习空间中成长档案功能模块分为:成长档案首页(成长档案总首页),学生成长档案主页(登录后界面),学生成长档案页面,学校、班级等主页,班级、同学等列表页面,学生/家长管理后台,教师管理后台,官方管理员后台、第三方应用接入。

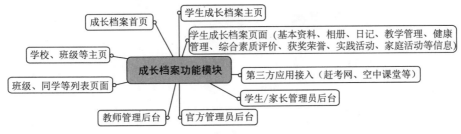

图3-15 成长档案功能模块

学生作为超级管理员可以分配给家长及其他信任的人协助维护成长档案,本文档以家长自己作为学生成长档案子管理员定义。

成长档案功能模块中有用户管理体系、用户评论和留言、好友管理、说说、分享、个性化装饰、数据统计分析、虚拟商城、智能教学等。用户管理体系包括用户积分、用户等级、徽章系统等。个性化装饰指个性模板、模块移动、自定义等功能。虚拟商城指与教学相关的虚拟商品兑换和交易。智能教学指类似儿童网页游戏等智能化教学产品。

3.3.4.1 成长档案功能结构图

功能结构图主要是指用户界面的功能结构图，包括教师功能结构图（如图3-16所示）、学生成长档案功能结构图（如图3-17所示）、管理员功能结构图。管理员功能结构图即成长档案管理员后台结构图。

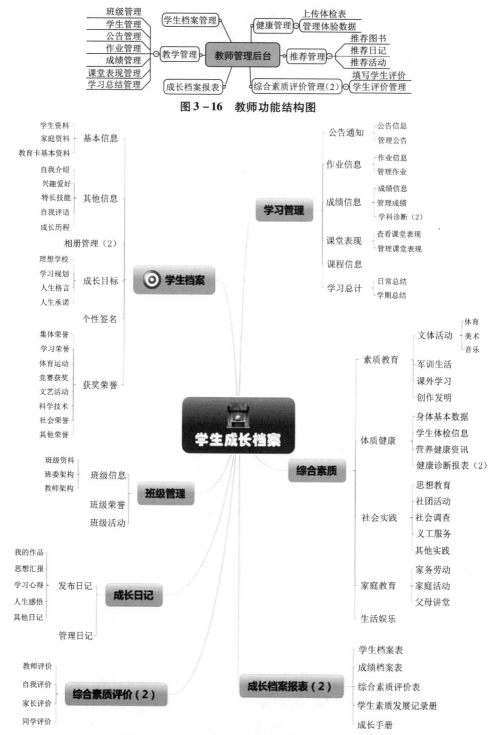

图3-16 教师功能结构图

图3-17 学生成长档案功能结构图

3.3.4.2 成长档案功能概述

(1) 教师管理功能

教师管理后台主要包括学生档案管理、教学管理、健康管理、推荐管理、综合素质评价管理、成长档案报表六部分。

①学生档案管理即教师可以管理本班学生的基础成长档案信息,包括基本信息、其他信息、相册管理、成长目标、个人签名、获奖荣誉等。班主任或班主任指派的任课教师可以查看本班级所有学生的成长档案信息。该后台首页是本班学生的数据列表,能够进行排序、同步管理,但是不可以删除。单击学生列表中的任何学生即进入学生成长档案详细页面。

②教学管理是教师进行教学过程中的行为信息管理,包括发布公告、布置作业、发布成绩、管理学生课堂表现、上传课程信息、填写学生的学习总结等,还包括管理公告信息、作业信息、成绩信息、学生课堂表现信息、课程信息、学习总结信息等。

③健康管理指教师管理学生的健康信息,需要去学校实地证实如何导入或录入学生的身体健康信息更合理。

④推荐管理指成长档案给予班主任(教师)一个推荐信息的功能,推荐信息包括推荐图书、推荐活动、推荐课程、推荐文章等,就是一个标题、图片、文字链接、推荐到何处等。

推荐到何处指推荐到班级主页还是学生界面。

推荐信息有列表页面,可以进行管理。

⑤综合素质评价管理是根据教育行政主管部门提出的综合素质评价体系建立的电子综合素质评价系统。综合素质评价包括道德品质与公民素养、学习态度与能力、合作交流与探索、运动与健康、审美表现五部分,如表3-2所示。

表3-2 学生综合素质评价

一级指标	道德品质与公民素养							学习态度与能力				交流合作与探索			运动与健康		审美表现		等级个数				评价分值	评价形式	评价者签字
二级指标	爱国守法	诚实守信	关心集体	保护环境	责任意识	尊敬长辈	自尊自爱	热心公益	礼貌待人	学习兴趣	学习方法	计划反思	独立探究	团队精神	沟通分离	体质健康	生活方式	审美情趣	艺术活动	兴趣特长	A	B	C	D			
评价等级																										学生自评	

⑥成长档案报表是根据成长档案数据生成的成长档案报表,具有下载、报表内容权限等功能,成长档案报表有学生档案表、成绩档案表、健康档案表、综合素质评价表、成长手册、其他报表等。成长档案各类报表来源于教育主管部门的行政需求或市场需求。报表内容权限根据报表需要勾选系统内容生成个性化报表。

(2) 学生成长档案

学生成长档案主要包括学生档案、班级管理、教学信息、素质教育、获奖荣誉、体质健康、社会实践、成长日记、家庭活动、生活娱乐、综合素质评价、成长档案报表等。

①学生档案主要包括个人资料、个人相册、成长目标、个性签名等。

②班级管理主要包括班级信息、班级荣誉、班级活动等。

③教学信息主要包括公共信息、作业信息、成绩信息、课堂表现、考勤信息、课程信息、学习总结等。

④素质教育主要包括文体活动、军训生活、课外学习、创作发明等。

⑤获奖荣誉主要包括集体荣誉、学习荣誉、体育运动荣誉、竞赛获奖、文艺活动荣誉、科学技术荣誉、社会荣誉等。

⑥体质健康主要包括身体基本数据、学生体检信息、营养健康资讯、身体素质测试表、健康诊断分析、心理健康测评等。

⑦社会实践主要包括思想教育、社团活动、社会调查、义工服务、其他实践等。

⑧成长日记主要包括个人作品、思想汇报、学习心得、人生感悟、其他日记等。

⑨家庭活动主要包括家务劳动、家庭活动、父母讲堂等。

⑩生活娱乐主要包括学生生活方面的资讯信息。

⑪综合素质评价是根据教育行政主管部门提出的综合素质评价体系建立的电子综合素质评价系统。

⑫成长档案报表是根据成长档案数据生成的成长档案报表,具有下载、报表内容权限等功能。成长档案报表有学生档案表、成绩档案表、健康档案表、综合素质评价表、成长手册、其他报表等。

(3) 班级主页

班级主页即班级的主页面,就是班级信息的汇总页面。班级主页包括班级基本信息、获奖荣誉、班级活动、推荐信息、最新动态、关联信息等。

班级基本信息由班主任、任课教师、班委进行管理;班级基本信息、获奖荣誉、班级活动由班主任、班长填充和管理,系统直接调用;推荐信息由班主任、任课教师管理;最新动态和关联信息由系统自动生成;关联信息包括班级最新文章、最新获奖情况、最新排名等,均由系统自动提取。

3.3.5 资源中心

资源中心面向的用户可分为教师、学校管理员、省级或共建共享联盟管理员及第三方资源提供商。资源中心提供资源管理和发布的功能,同时也为教师、学生和公众提供在线查看、点播和下载等服务。

资源中心的资源具有逐级汇聚的特性,如图 3-18 所示。

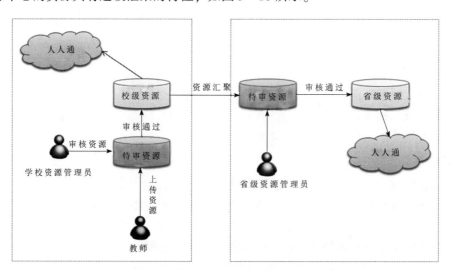

图 3-18 资源汇聚图示

教师通过资源中心进行资源制作和上传后，资源就进入本校的资源库，但是在学校的资源中心页面中其他人并不能看到这个资源，必须经过本校资源管理员的审核之后，这个资源才会出现在本校的资源中心页面并允许他人检索和使用。

被审核后的资源会自动汇聚到省级资源库（或校际共建共享资源库）中等待资源管理员进行审核，资源被审核后就会出现在资源中心页面供共建共享院校师生检索和使用。

3.3.6　课程中心

课程中心以课程形式提供在线的网络课程教学，允许教师新建课程、上传课程资源、制作在线课程，面向学生提供在线学习、作业、评测、交流互动等功能，学生可以对课程内容进行评价，方便教师进行课程改进。课程中心主页如图 3 – 19 所示。

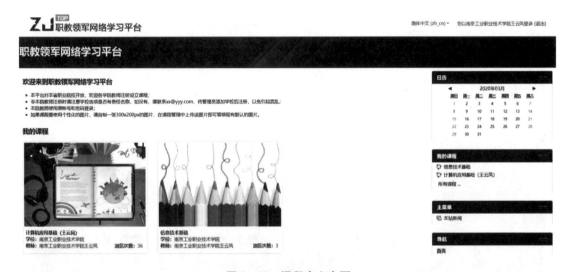

图 3 – 19　课程中心主页

课程中心注重发挥学生学习的主体作用，挖掘学生自主学习的潜能，逐步引导和培养学生掌握独立分析、探索、实践、质疑、创造等能力来实现学习目标。课程中心同时提供了对学生学习过程的管理和考核，便于引导学生进行自主化学习、协作化学习和个性化学习，为学生学习禀赋和潜能的充分发挥创造一种宽松的环境。

如图 3 – 20 所示，教师可以通过课程中心提供的课程创作工具制作课程供学生进行学习；学生可以进行课程学习，也可以根据个人情况选择平台资源库中的学习资源进行个性化学习；学生可以进行在线测评、记录学习笔记、查看错题库、收藏学习资源和好友的学习笔记等内容；系统可以自动记录学生在课程学习的进度情况，方便管理者进行督导和统计分析；学习过程中学生可以与教师和同学进行在线交流互动，答疑解惑，加强学习了解；平台提供了学习评价功能，可对学生的自主学习情况进行评价打分，引导学生加强自主式学习能力的培养。

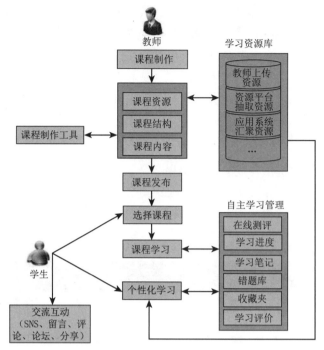

图 3-20　课程中心的功能框架

课程中心提供的功能如下：

（1）课程管理

为了规范学生学习行为，引导学生进行有目标、有计划的学习和提高，课程中心提供课程管理功能，方便教师制作学习课程供学生进行参考和学习。如图 3-21 所示。

图 3-21　课程设置

教师可以利用课程管理功能进行课程体系的组织编排和维护；平台同时提供了课程制作工具，方便教师灵活定制课程的章节结构、教案、随堂练习、同步作业和讨论主题等内容；课程建设支持 SCORM 标准，可以方便地进行课程内容的导入和导出。

(2) 课程学习

学生选择教师设计的课程内容进行课前预习和课后学习，并可结合学习内容与好友展开在线交流和讨论。

课程学习过程中系统可自动记录学生学习的时间、作业完成情况和问题的讨论情况等内容，方便教师随时了解学生的学习进度并进行适当的引导。

(3) 个性化学习

有别于课程学习，个性化学习允许学生利用平台提供的学习资源进行个性化的学习活动。

系统提供资源检索工具，学生可以查找感兴趣的学习资源进行自主学习。学习资源可按年级、学科等分类方式自由组织和展现，方便学生快捷选取学习内容。

(4) 学习管理

课程中心提供学习进度管理、学习笔记、在线测评、错题库、收藏夹和学习评价等方式对学生的学习过程进行管理。

课程学习过程中，系统会自动记录课程学习的进度情况，教师借此可以对学生的学习情况进行监督，引导学生进行正确的自主学习。

学生可以将自己平时学习过程中的所思所想记录到个人的学习笔记中，加深对学习过程的理解和反思；同时，教师和好友可以观看学生的学习笔记并参与评论和交流，更能巩固学生自主学习的效果。

课程中心提供了在线测评功能，测评分为练习性测评和检测性测评两种。练习性测评用于随堂练习、同步作业等内容；检测性测评用于模拟测试、期中考试、期末考试等内容。

学生可将在学习过程中经常做错的题目和比较难以掌握的知识点等内容保存到错题库中，日后可以进行针对性的学习和提高。

学生在学习过程中可以将感兴趣的学习课程、学习资源、好友推荐的资源、好友的学习笔记等内容保存到收藏夹中，方便日后进行查找和学习。

课程中心提供了学习评价模块，可以由管理员后台设置评价标准。平台将根据学生的课程学习、个性化学习、交流互动、在线测评、作业完成情况等内容进行自动打分，结合教师的人工打分构成了整个学习评价部分。通过学生学习评价功能，可以方便管理者对本地区的学生课程学习情况进行统计分析，同时也是对学生自主学习情况的督促和激励。

(5) 学习资源库

课程中心向广大师生提供了学习资源库，教师可以利用学习资源库中的资源进行教学课程的设计，学生可以利用学习资源库中的资源进行在线学习。

学习资源库中的资源可以是教师上传的教学资源，也可是从资源平台检索和抽取的学习资源，部分应用系统中生成的资源同时也构成了学生自主平台中学习资源库的一部分。

资源提供了评论和打分功能，方便用户对资源的质量有大体的了解。学生在学习过程中可以将感兴趣的资源进行收藏或分享给自己的好友进行共同学习。

(6) 交流互动

学生在学习过程中总会遇到各种各样的问题，需要寻求他人的帮助才能快速解决，学生在学习过程中通过与他人进行学习讨论和交流有利于加深对学习内容的理解，巩固学习成果。因此，课程中心提供了互动交流功能，方便学生在自主学习过程中与教师或好友进行在线信息沟通和学习互动。

课程中心中每个用户都有自己的学习中心页面，该页面是用户个人学习的情境桌面，汇聚了当前用户的学习信息、学习笔记、个人的学习资源和好友情况等内容，是用户开展自主学习的入口。

平台提供好友管理功能，允许用户查找并添加好友。好友支持群组功能，方便对不同类型的好友进行分组管理。

平台向用户提供 SNS、留言、评论、讨论、论坛、分享、转载等丰富多样的交流互动方式，具备基本的消息管理功能。

学生在学习过程中遇到问题可以随时发消息求助于教师或同学，可以对课程内容、学习资源、好友的学习笔记等内容进行评论或留言，交流自己的看法，可以组织群组好友针对某个学习内容展开学习讨论，相互介绍学习心得等。

4 网络学习空间应用平台建设

网络学习空间的建设将为学校或区域教育系统师生的教学与互动交流提供一个更为广阔的舞台。通过网络学习空间建设，打造一个全员参与的交流互动平台，构建教师专业与教学提升的练功平台，构建学生可持续发展的学习平台，实现教学常规管理的空间化、教学质量监控和学生学习过程的全程化记录，最终可实现"教学管理服务化、教学过程信息化、教学模式多样化、教学资源共享化、管理决策科学化、家校互动畅通化"的新局面。有鉴于此，拟先通过职业教育领域进行网络学习空间建设，积累经验，继而再向其他教育领域推广和应用。

Moodle 平台使用流行的、强大的 PHP 语言开发环境，在设计兼容、易用、灵活和易于修改的特性表现较好，在各种操作系统平台上安装都较为简洁[①]。正因为 Moodle 高度的模块化，使用通用的技术来定义接口，比如共享库、数据抽象层、层叠样式表，可以使一般的程序员修改和扩展其代码。Moodle 提供了相对全面的网络学习空间支撑平台的组件，包括课程内容管理、交流互动、聊天、日志、选项表、调查和标签等，非常适于进行二次开发工作。另外，开源的系统决定了有众多的技术人员提供的诸如任务分配、联系、对话、签到、日历和文件管理等插件在开发中可以进行参考。Moodle 的数据库设计简明，结构简单，易于理解和扩展。它具有全面的数据库抽象层，几乎支持所有的主流数据库，可以支持众多的媒体文件，可以将所有格式的资源有效调用。Moodle 有比较完善的安全机制，以及灵活性和可扩展性。

根据以上分析，应用 Moodle 设计职业院校网络学习空间支撑平台，能突破软件公司的技术壁垒，方便职业院校建立校本免费开放的网络学习空间，实现校际网络学习空间的互联共享，方便职业院校在网络学习空间中建立课程学习联盟。

4.1 网络学习空间应用平台开发技术

Moodle 为学习者创造了一个动态的学习环境，系统使用者和开发人员可以根据教学目标及活动安排灵活配置不同的功能模块，其技术实现的基础是依靠 Moodle 系统独特的目录结构设计。Moodle 的目录结构采用常见的树形目录结构，目录结构的命名遵循简单原则，让开发者直观地了解该目录模块的功能。其中顶层文件夹代表 Moodle 中的某一个部件，通过建立不

[①] 景为. 基于 Moodle 的混合式教学平台的设计与实现 [D]. 西安：西安电子科技大学，2016 (6).

同的子文件夹支持插件模块间的相互协作。在 Moodle 系统中主要文件夹及其功能插件如下所示：

  admin/：该目录下存放的文件主要用于 Moodle 站点管理的代码；
  auth/：该目录下存放用于 Moodle 用户认证的组件模块；
  backup/：该目录下包含创建一个备份或者恢复时所用到的管理模块；
  blocks/：该目录下存放用于管理 Moodle 页面上的所有板块的模块；
  blog/：该目录下存放用于管理 Moodle 中 blog 管理和编辑内容模块；
  calendar/：用于管理和显示日历的代码；
  course/：显示和管理课程的模块；
  enroll/：该目录下存放各种选课插件，默认是 Manual 方式；
  error/：包含显示 Moodle 站点中错误的一个文件；
  files/：用于管理和显示用户上次文件的模块；
  filter/：用于管理 Moodel 站点的各类过滤方法的模块，如数学符号等；
  grade/：用于管理和显示学生成绩的模块；
  install/：包含 Moodle 默认安装时使用各种语言包和安装说明界面；
  iplookup/：用于显示用户 IP 地址信息的模块；
  lang/：包含 Moodle 默认安装时使用的语言包，默认英文；
  lib/：该目录下存放 Moodle 所有的核心代码库；
  login/：管理用户登录和退出的模块；
  message/：管理和显示用户短信息的模块；
  mod/：该目录下包含 Moodle 中可以使用的各种资源和活动模块；
   ---assignment/：管理和显示活动中的作业模块；
   ---chat/：管理和显示活动中的投票模块；
   ---choice/：管理和显示活动中的选择模块；
   ---data/：管理和显示活动中的数据库模块；
   ---forum/：管理和显示活动中的讨论区模块；
   ---glossary/：管理和显示活动中的词汇表模块；
   ---hotpot/：管理和显示活动中的 hotpot 模块；
   ---journal/：管理和显示活动中的报告模块；
   ---label/：管理和显示标签模块；
   ---lams/：管理和显示活动中的模块；
   ---lesson/：管理和显示活动中的程序教学模块；
   ---quiz/：管理和显示活动中的测验模块；
   ---resource/：管理和显示活动中的资源模块；
   ---scorm/：管理和显示活动中的 scorm 模块；
   ---survey/：管理和显示活动中的问卷调查模块；
   ---wiki/：管理和显示活动中的 wiki 模块；
   ---workshop/：管理和显示活动中的工作组模块；
  my/：管理和显示活动中的 my Moodle 模块；
  pix/：用于产生站点图片的模块；
  question/：该目录存放测验活动使用的各种试题题型及管理模块；

rss/：管理和显示 rss 模块；

search/：管理站点搜索的模块；

theme/：该目录中存放多种预设的主体风格，可以用来改变 Moodel 的站点外观；

user/：管理和显示站点用户的程序模块；

config. php：该文件包含站点的各种信息，如访问地址、连接数据库的相关信息等，该文件是安装时自动产生的；

config – dist. php：该文件是程序中自带的文件，可以利用该文件手动修改站点的配置，类似于 config. php；

file. php：该文件用于从数据目录 Moodledata 中提取文件；

help. php：用于指向相关帮助文档的程序；

index. php：Moodle 默认的首页文件；

install. php：安装 Moodle 站点并自动创建 config. php 文件的程序。

4.1.1 上下文控制技术

Moodle 采用的是基于上下文约束的角色访问控制，是一种动态的 RBAC（基于角色的访问控制）约束，它被用来检查实际的一个或多个上下文环境或先决条件，如果这些条件满足，则相应的请求被允许执行。上下文约束由一系列的上下文属性和上下文功能以及条件决定。其中上下文属性代表一个特定的环境因素，上下文功能是取得一种特定的、当前上下文属性值的机制，上下文条件则包含这一个操作和两个或多个运算。

基于上下文约束的角色访问控制就是要首先取得上下文条件，在每一个上下文条件下，将相应的上下文属性映射为上下文功能，再判断其上下文功能是否可以获取到。如果可以，则将上下文条件转化为实例应用于系统的访问控制约束中，如果不行则需要重新镜像。

依据 Moodle 的基于上下文约束的角色访问控制机制，在用户数量快速增加的情况下，会增加角色的指派难度和权限管理的混乱，也会加重系统管理员的负担，再加上角色继承和角色互斥的限制，设计不当则出现问题很难被发现。针对这样的情况，需要对访问控制模型进行扩展。保留 Moodle 中已有的访问过程中对某门课程的角色指派和权限赋予方法，在 Moodle 原有的控制模型的基础上扩展用户组的功能，引入实体组织单元的概念，比如院系、专业、课程、班级都是一个用户组的实例，利用用户组的形式为实例指派角色，并赋予权限。如图 4 – 1 所示。

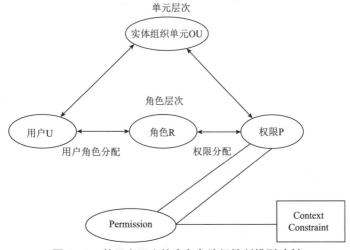

图 4 – 1　基于上下文约束角色访问控制模型映射

通过增强的访问控制模型，既可以直接给单个用户指派角色和对角色分配权限，又可以给用户组一次性指派角色和分配权限。在用户组中的单个用户，既可以通过角色继承来拥有其所属用户组的角色，又可以动态地根据上下文约束获得相应的权限。图4-2给出了基于上下文约束的访问流程。

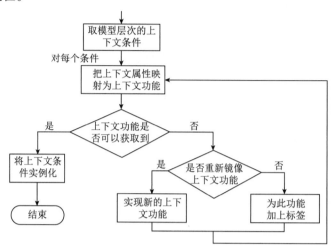

图4-2　基于上下文约束的访问流程

4.1.2　API 技术

API（Application Program Interface，应用程序编程接口）是一些预先定义的函数，目的是提供应用程序与开发人员基于某软件或硬件来访问组件，无须访问源码或理解内部工作机制的细节。基于 Moodle 平台二次开发的 API 包括很多类别，其中主要的有权限控制 API、数据操作 API、文件管理 API、表单 API、导航 API、页面 API 等。

4.1.2.1　权限控制 API

Moodle 是一个基于权限控制的模型。Moodle 的大多数入口（system，users，course categories，courses，modules and blocks）是通过上下文的目录树来表现的，就像层级调用上下文目录树。角色中设置的任何一种权限都表现为用户可以做什么事。角色定义在系统上下文的顶层，角色可以在较低层级上被重载。

例如：权限通过 capabilities 数组定义在 db/access.php 文件里，权限的名字组成是"plugintype/pluginname：capabilityname"。

代码片段如下：

```
$ capabilities = array(
    'mod/folder:managefiles' => array(
        'riskbitmask' => RISKes_SPAM,
        'captype' => 'write',
        'contextlevel' => CONTEXT_MODULE,
        'archetypes' => array(
            'editingteacher' => CAPes_ALLOW
        )),);
```

数组中使用到的索引的含义如下：

riskbitmask——相关风险；

captype——读或者写的权限类型，就安全而言，任何写的权限不能赋予访客和未登录用户；

contextlevel——特殊的上下文层级常量；

archetypes——特殊的层级定义，通常用于角色初始化的时候或者升级和重置角色的时候。

4.1.2.2 数据操作 API

Moodle 提供了一系列用于操作数据库的函数，对于不同的关系型数据库都做了很好的封装，在使用时不需要考虑数据库的兼容性。

在进行方法的调用时需要使用全局对象 $DB。因此必须声明：global $DB。例如要获取单条记录，代码片段如下：

$DB->get_record($table, array $conditions, $fields = '*', $strictness = IGNORE_MISSING)//当所有条件满足时会从数据库获取一条记录并以对象返回这条记录；int 型参数 $strictness IGNORE_MISSING 意味着编译的模式，记录没找到会返回假；出现调试信息 IGNORE_MULTIPLE 意味着返回第一条数据。如果出现多条的话，MUST EXIST 意味着如果记录不存在会抛出异常。

$DB->get_record_select($table, $select, array $params = null, $fields = '*', $strictness = IGNORE_MISSING)//得到一条记录。

4.1.2.3 文件管理 API

Moodle 所有文件被保存在 file areas 中，一个文件由以下内容标识：上下文 id（context id）、完整的组件名（component name）、文件区类型（file area type）、唯一的项目 id（itemid）等。下面给出了创建包含制定文本的文件的方式。这种方式和使用 PHP 函数 file_put_contents 是等价的。

代码片段如下：

```
$fs = get_file_storage();//Prepare file record object
$fileinfo = array(
'contextid' => $context->id, //ID of context
'component' => 'mod_mymodule', //usually = table name
'filearea' => 'myarea', //usually = table name
'itemid' => 0, //usually = ID of row in table
'filepath' => '/', //any path beginning and ending in
    'filename' => 'myfile.txt');//any filename
//Create file containing text 'hello world'
$fs->create_file_from_string($fileinfo' hello world');
```

Create_file_from_pathname() 函数、create_file_from_storedfile() 函数同样可以用来创建已经存在于 Moodle 本地文件中的文件。

4.1.2.4 表单 API

Web 表单在 Moodle 中的创建方式使用 forms API，它提供了所有的 HTML 元素（例如 checkbox，radio，textbox 等），更加安全易用，并且有以下特色：

①支持拖拽；②较少使用表格布局；③表单数据安全，通过携带必需的参数，可选择 session key；④支持客户端有效性检查；⑤可以在表单元素里添加 Moodle 帮助按钮；⑥支持文件库；⑦支持许多定制的 Moodle 特定的与非特定的表单元素；⑧可添加重复元素；⑨按组添加表单元素。

在 Moodle 中创建一个表单，需要创建一个继承自 Moodleform class 的类，并且重写 definition 方法来包含要创建的表单元素。

代码片段如下：

```
//Moodleform is defined in formslib.php
Require_once("$CFG->libdir/formslib.php");
class simplehtml_form extends Moodleform{//为表单添加元素
public function definition(){global $CFG;
        $mform = $this->_form;/$mform->addElement('text','email', get_string('email'));
//添加元素到表单
$mform->setType('email', PARAM_NOTAGS);//设置元素类型
$mform->setDefault('emaif','Please enter emaif);//设置元素默认值
        ...    }//定制有效性检查
function validation($data, $files){return array();
    }}
```

在后续设计中对该表单的类进行实例化编码，代码如下：

```
//首先包含 simplehtml_form.php 文件
Require_once('PATH TO/simplehtml_form.php');
//然后实例化 simplehtml_form
$mform = new simplehtml_form();
//form 程序处理和显示放在这里
if ($mform->is_cancelled()){
//再处理取消表单操作(如果有取消按钮的话)
}else if ($fromform=$mform->get_data()){
//进行数据有效性检查 $mform->get_data()返回表单传递过来的数据
}else{
//这个分支是表单初始化或者如果表单提交后数据不合法，那么表单就得重新显示；设置默认数据。
        $mform->set_data($toform);//显示表单
        $mform->display();}
```

4.1.2.5 导航 API

Moodle 导航 API 提供了用于对 Moodle 的导航系统进行设置的一些接口，使 Moodle 具有

更好的层次结构。导航栏可以通过页面对象 $PAGE 获取,也就是用来设置页面的标题、页眉和 JavaScript 请求等项目的对象。导航栏利用 $PAGE 中包含的信息来为网站生成一个导航结构。导航结构可以通过三个变量获取:

$PAGE->navigation:主导航结构,其中包含允许用户浏览的一些其他的可访问的页面。

$PAGE->settingsnav:"设置"导航结构,其中包含允许用户编辑的设置。

$PAGE->navbar:导航条(navbar),是一个用于面包屑导航(breadcrumbs)的特殊的结构。

主导航结构可以通过 $PAGE->navigation 访问。主导航板块和设置板块都与当前访问的页面上下文有关,它取决于 $PAGE 对象的属性。

$PAGE->context 是一个 Moodle 的上下文,可以概括出用户当前所在页面的性质。

$PAGE->course 是用户正在查看的课程。

这个属性在 context 的值等于 context Module 或者更高层级的上下文时必不可少。这个属性在 context 是其他层级的时候也有可能会用到,例如其他层级 context user。

$PAGE->cm 是当前所在课程模块的实例化。这个属性在 context 等于 context Module 或者更高层级的上下文时必不可少。

$PAGE->url 用来匹配当前活动的导航条目。

几乎每个页面通过函数 $PAGE->url() 来设置 $PAGE->url,但是许多页面都不显示设定 $PAGE 的 context, course 和 cm。当调用 require_login() 函数并给它传入 course 或 cm 时,它会自动地进行设置。

代码片段如下:

```
if ($cm){
$PAGE->set_cm($cm, $course);//设置全局变量 $course
}else{
$PAGE->set_course($course);//设置全局变量 $course
}
```

4.2.2.6 页面 API

页面 API 用于对当前的页面进行设置,包括添加 JavaScript 脚本以及设置页面的展示方式。页面 API 对任何 Moodle 页面来说都是不可分割的一部分。它允许开发者按照他们设想的方式对页面进行设置。通过页面 API 就可以对标题(title)、页面首部(heading)、导航栏(navigation)、页面布局(layout)等进行设置。

通过下面的代码说明如何在一个活动插件(Activity Plugin,即课程模块插件)中进行简单的页面设置。

代码片段如下:

```
//File:/mod/mymodulename/view.php
Requireee_once(,../../config.php');
$cmid = required_param('id',PARAM_INT);
$cm = get_coursemodule_from_id('mymodulename', $cmid,0,false,MUSTes_EXIST);
$course = $DB->get_record('course',array('id' => $cm->course),'* ',MUST_EXIST);
Require_login($course,true, $cm);
$PAGE->set_url('/mod/mymodulename/view.php',array('id' => $cm->id));
```

```
$PAGE->set_title('My modules page title');
$PAGE->set_heading('My modules page heading');
```

假定已经准备好了即将用到的 course 和 course module 对象，在调用 require_login( ) 函数时，它会自动设置当前页面的基础信息。

在代码中，由于向 require_login( ) 函数传入了 course 和 course module 对象，这个函数已经做了许多关于当前页面的配置工作，它把 course 和 course module 对象传给了当前页面，设置当前页面的上下文为 course modules 的上下文，并且将当前的页面布局设置为 incourse，即课程模块的标准布局。

4.2 网络学习空间应用平台设计

基于社会建构主义的 Moodle 网络学习环境，其环境架构主要由 Apache 服务器、Linux/Windows 操作系统、PHP 软件及 MySQL 数据库组成，这些条件符合 B/S 架构的三层分离模式，设计理念采用了面向对象的方法，并以模块化为切入点，使系统的稳定性、扩展性、灵活性更高①。

4.2.1 平台设计技术要求

在网络时代中，网络教学已成为必然的趋势，对于网络学习空间的技术支撑有一定的需求。

（1）系统能够开放教学与学习资源共享

网络中的资源共享，可以有效提高资源的利用率。在当前的网络学习空间中，开放教学与学习资源共享已成为首要条件。集中组织并统一管理系统资源，按照用户所拥有的权限，实现权限内的资源查看及下载，是推动网络学习空间不断发展的基础。

（2）实现学生自主学习功能

自主学习功能是网络学习空间的一大特色，学生可以根据自身的详细情况，以学习目标、要求及标准为基础，自由安排参加学习的时间，对于学习活动的选择也有充分的自主性。

（3）学生间及小组间的合作学习

Moodle 系统可以实现合作学习，包括学生与学生之间、小组与小组之间，使沟通更加方便快捷，各种学习资源的分享也更加高效，对于相关的学习任务可以共同完成，增进学生之间的了解，全面提高学习效率。

（4）系统拥有强大的兼容性及可扩展性

对于原有的网络学习系统，Moodle 具备一定的兼容性，并在此基础上整合各种软件工具及教学资源；系统的可扩展性强，无论是本身扩展或二次开发，都有一定的空间，且保持运行稳定，页面简洁大方，可操作性与灵活性都较高。

---

①马增友. 基于 Moodle 的高校网络教学系统的设计与实现［D］. 济南：山东大学，2014（10）.

4.2.2 Moodle 系统总体功能设计

Moodle 系统总体结构如图 4-3 所示。

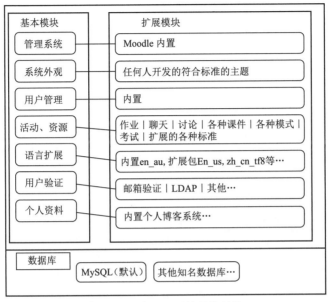

图 4-3 Moodle 系统总体结构

4.2.2.1 网站管理模块的功能设计

网站是 Moodle 系统的主要载体，应实现网站管理模块的主要功能，包括学习环境的创建、课程目标及体系的设置、新课程的创建、用户信息及课程的管理维护、功能模块的安装及维护、课程信息的详细设置以及教师的任命等。其详细功能如表 4-1 所示。

表 4-1 网站管理的详细功能

管理课程	管理用户	配置系统
课程分类设置	注册方式的设置	配置网站信息
新课程的创建	用户账户管理	设置系统参数
课程的选择	用户权限的设置	设置功能插件
教师的任命	权限的设置	设置风格界面

4.2.2.2 课程管理模块的功能设计

该模块应实现的功能主要有：课程资源的编辑、教学活动的组织与开展、学生的成绩管理、学生的学习日志查看以及对课程进行设计等。课程管理的详细功能如表 4-2 所示，其功能设计如图 4-4 所示。

表 4-2 课程管理的详细功能

教学方案设计	教学前的准备	教学方案实施	教学评价及反馈
教学目标设计	课程公告发布	学生的自主学习引导	评定作业
教学纲要设计	网络课程设计及上传	导论的组织	专题测试
教学计划制订	素材的导入	教师在线进行答疑	评定网络活动

续表

教学方案设计	教学前的准备	教学方案实施	教学评价及反馈
教学活动设计	讲义增添	考试与测验	评定学习记录
教学策略选择	参加相关活动	学生作业布置	作业的反馈
评价指标确定	教学等级评价	量规与评分	评价的反馈

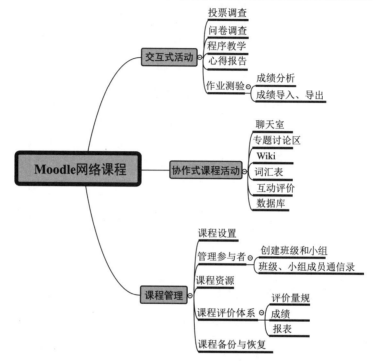

图 4-4 课程管理的功能设计

4.2.2.3 学习管理模块的功能设计

学习管理模块主要面向学生用户进行设计。该模块应实现的功能主要有学习资源的在线查看及阅读、相关学习活动的设定、学习材料的上传与下载、学生的学习体会记录等。跟课程管理一样，学习管理的每一项主功能下面，也设计了详尽的子功能。学习管理的详细功能如表 4-3 所示。

表 4-3 学习管理的详细功能

学习前的准备	课程学习	评价
课程的简介浏览	下载并阅读相关资料	作业完成状况查看
课程的大纲浏览	撰写学习体会	测试成绩查询
教学计划浏览	解答问题并提问	个人活动情况查看
课程公告浏览	在网络上进行讨论	教师评价查看
用户注册	学习小组合作	小组间的评价
课程的选择及报名	在线学习并提交作业	作业的评价
等候管理员审核	在线考试	考试成绩查看

4.2.3　Moodle 系统的详细设计

Moodle 系统应实现教学资源的开发与共享、教学活动及各类测验的模块开发，并能够统计教学结果，利用各类功能子模块实现网络教学的整体功能，这些功能子模块包括论坛模块、Blog 模块、聊天室模块、Wiki 模块、在线投票模块等。

4.2.3.1　课程管理模块

确定课程主页的风格，选择相关的格式主题，对课程设置进行全面的控制。

建立各种学习班级及学习小组，对用户角色及相关权限进行分配，从而实现合作学习、共同进步的目的。

整理及分类课程资源，构建体系分明的资源库，完成课程试题的分类，推动试题库的完善，使教学管理更加方便。

对评分的等级进行自定义，完成评价量规的制作，对学生的整个学习过程进行跟踪，学生成绩得到有效管理，教学过程得到公正的评价与反馈。

完善课程备份功能，重复使用课程资源，从而方便更多的人对资源进行学习和利用，扩大资源共享的范围。

4.2.3.2　课程资源模块

课程资源模块应支持各种文档格式，这些文档还可以顺利上传到服务器内，以实现更有效的管理。加大外部资源的引进，完成内外网沟通，可以在异地进行教学与学习，从而节省大量的精力与时间。

4.2.3.3　课程互动模块

作业子模块可以对教师的学习任务分配进行支持，根据学习任务的完成情况，学生可以通过该模块将电子文档上传至服务器。学生的作业形式包括项目总结、学习报告、学年论文、毕业论文等，模块中还带有作业计分的功能，可以对学生的学习效果及相关情况进行检验和统计。

投票子模块可以对教师的提问选项设置进行支持，学生可以在该模块中实现有选择性的答题。模块的作用主要是利用快速的投票，引起学生对某一个问题的兴趣，并进行相应的思考及资料收集。

问卷调查子模块可以对教师收集学生的调查信息进行支持，教师通过这些反馈的信息，更深地了解教学方案的优缺点以及学生的具体学习情况，从而进一步改正教学方案。

测验子模块可以对教师测验进行支持，其中包括评分功能。对于题型、问题量以及测试的时间，教师都可以进行任意的设置。此外，该模块还带有非常强的数据库功能，可以记录并保存每一位学生的测验过程与记录，方便教师对教学质量进行跟踪。按照模块需求，可以对多次测验进行设置，而且每一次设置尝试都有记录，使教师的问题处理更加灵活。

4.2.3.4　课程协作模块

（1）聊天室模块

该模块可以支持实时的在线同步聊天，其聊天窗口包括个性化的图片、签名、表情图表及嵌入式的 HTML 聊天框等。在师生的聊天过程中，所有的谈话内容及聊天时间等信息，都会被系统记录，以方便今后的查看。在网络学习空间中，师生可以约好时间，一起在聊天室进行学习交流，利用文字、图片甚至语音或视频等传递自己的交流信息。由于聊天的实时性，即当学生提出问题时，教师可以在第一时间进行回复，增加了教学的互动性。学生可以利用聊天记录对课程学习进行总结，教师也可以从中对学生的学习情况进行更加深入的了解，以便找出不足，改进与调整教学方案或教学方法。

（2）虚拟社区模块

该模块的主要功能是方便用户进行话题讨论，还方便交际类型的课程实践。作为一种异步交流方式，用户在虚拟社区中不用对时间进行约定，而是随时都可以查看话题的讨论结果，或者发布新话题。根据组织方式的不同，各用户还可以依照自己的理解，对虚拟社区中的每一个帖子进行相互间的打分。浏览社区中的帖子，可以选择各种不相同的格式，包括页面展示风格及附件的上传与下载等。Moodle 系统中的虚拟社区具备订阅的功能，用户对一个虚拟社区进行订阅之后，当有新的帖子发布时，用户的邮箱内将会接收到新帖子的消息邮件，并附带链接，可以直接点进该新帖子的页面。学生用户可以单独订阅虚拟社区，教师用户可以为所有的学生用户批量订阅。虚拟社区具备强大的交流功能，是 Moodle 系统中的重要功能模块，师生间的交流摆脱了时间与空间的限定，每一位学生用户都可以自由选择时间对帖子进行回复，教师用户也可以根据自身的时间安排查看帖子情况。作为探究学习模式的组成部分，虚拟社区所拥有的功能极大地方便学生对所学到的内容进行更深入的理解和掌握。

（3）论坛模块

论坛的功能范围比虚拟社区小，但专业性更加突出。Moodle 系统的论坛类型多种多样，每一类型的论坛都提供用户注册功能，有相应的级别成长体系。学生注册好新账号之后，登录总论坛页面，然后根据自身的需求情况，对论坛的类别与应用功能进行选择，甚至可以对新的类型进行创建，或者创建新的话题，还可以回复与评价其他用户的帖子。作为个性化展现之一，新帖子的发布或者对帖子的回复，都可以附上用户个性化的图片，使用户的甄别一目了然。此外，用户浏览论坛话题的方式丰富，既可以用列表的方式进行浏览，也可以用树状的方式进行浏览。除了论坛用户级别成长体系，论坛管理员还可以对用户的级别权限进行分配，这样可以方便论坛板块的维护与管理，例如帖子置顶、精华帖增加、敏感字过滤等。

（4）Wiki 模块

Wiki Wiki（wee kee wee kee）属于夏威夷的方言，本意为"快点快点"，国内将 Wiki 翻译成"维基"，它是可以相互连接且自由扩展的网页，或者是可以自由储存及修改的超文本数据库。Wiki 是 Moodle 系统中的一个功能极强的协作工具，无论是文本的编辑还是学习成果的创建，都可以集合全班甚至是全校的力量进行，学生用户还可以拥有单独的 Wiki，并与同学一起创作。作为探究学习的方式之一，Wiki 方便了学生的交流，并在交流的过程中，获得其他用户对相关问题的认识见解，不断提升自己的人际交往能力、解决问题能力以及查询信息、收集信息的能力，推进了学生之间的协作交流。

4.2.3.5 课程评价模块

对整个课程教学过程进行评价是 Moodle 系统的一大特色，其支持的评价多种多样，包括集体评价、过程评价、教师评价、总结评价、自我评价等。在评价体系中，系统可以对用户的知识掌握情况、学习参与及合作情况进行全程跟踪与检测，并使用插件或扩展模块统计分析相关数据，以获得更加直观的图表分析报告。系统对用户的课程互动及作品提交设计出多种评价体系。

以教师身份登录系统，对评价规范及评价量规进行设定。当学生用户把作品上传到系统之后，任何一名用户都能够查看该作品，并能够进行相互打分，提出相关的建议及评价，使系统成为学生作品交流及思想交流的良好平台。

通过课程协作模块的虚拟社区子模块、论坛子模块等，用户可以将作品用附件形式进行上传，该模式适合展现信息量大的学生作品，用户之间既可以在线查看，也可以对作品进行下载，还可以在线回复帖子，根据自身的看法给出相关评论，从而构建起团结协作的学习氛围。

根据评价量规及指标，教师可以将合适的学习任务布置给学生，当学生按照相关标准完成学习任务之后，及时上传到系统，教师在线评价学生作品并给予相应的分数，将评价信息反馈给学生。

通过课程评价，教师可以对教学过程进行反思，学生也可以借此思考整个学习过程。基于 Moodle 的网络教学系统详细功能如图 4-5 所示。

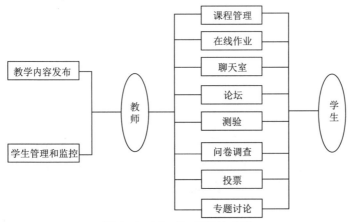

图 4-5　Moodle 系统的功能

4.3　网络学习空间应用平台实现

前文论述了 Moodle 的诸多功能与特点并对网络学习空间应用平台进行了相关的设计，本节以此为基础，综合利用各种计算机与网络技术，对网络学习空间应用平台进行具体实现。

Moodle 平台是目前世界上具有免费的开放源代码、功能强大的、在国际上有一定应用基础的、可以支撑教育信息化课程设计与教学应用的网络学习空间支撑平台。它在国内的许多高校进行推广，亦是适合职业教育选用的网络学习环境。但是，Moodle 平台是对服务器的硬件要求特别高的网络管理系统，对于大多数的职业院校来说，配置一台高配置的服务器，在经费上是比较困难的；现在大多把 Moodle 平台安装在 Windows 系统下，由于 Windows 系统自身的原因，服务器经常出现异常，给安全性和稳定性也带来了很多问题，也给教师和学生带来教学上的不便。

4.3.1　Linux 系统和 Windows 系统技术对比

4.3.1.1　进程治理及调度

Linux 开销较小。在进程治理及调度方面，Linux 是一个单块式的操作系统，操作系统通常在用户进程的内存空间内进行，可免去发生系统调用时的进程切换开销。Windows 是一个准微内核操作系统，许多功能以单独的进程实现，从而提高了系统的模块化程度，但进程切换上的开销要大一些。Linux 支持内核级的线程，但它将线程定义为进程的另一个"执行上下文"，从而简化了进程/线程之间的关系和调度程序的设计，它的线程库提供了和 POSIX 兼容的线程同步机制。Windows 支持的线程是典型的进程/线程模型。它的线程同步机制和 Linux 类似。Linux 中进程是基本的调度单位，它提供了三种调度策略。

4.3.1.2 进程间通信机制

Linux 更灵活。在进程间通信机制上，Linux 提供了标准的 UnixIPC 机制，而 Windows 则在基本 IPC 机制的基础上，提供了许多直接面向应用程序的高级 IPC 机制。从本质上看，Linux 的 IPC 机制接近于 IPC 原语，比较底层，提供了最大的灵活性，也可以在此基础上建立更加复杂的高级 IPC 机制，而 Windows 在原语级提供的 IPC 机制有管道、命名管道、消息传递、共享内存、信号量等。

4.3.1.3 内存治理

Linux 优于 Windows。在内存治理上，Linux 和 Windows 在面对相同的进程地址空间大小时，对内存布局的使用方式不同。Windows 实际只为进程预备了 2GB 弱的可用虚拟地址空间，而 Linux 中的进程地址空间使用更灵活些。

4.3.1.4 安全性

Linux 具有一定优势。在安全性方面，Linux 采用的是 Unix 在安全性方面成功的技术，尽管有一些安全漏洞，但因为设计上的开放性，这些漏洞能够在很短的时间内发现并得到解决。Windows 采用的 ACL 技术，虽然更加复杂和严密，但因为其密码加密步骤过于简单，密码轻易被破解，而且安全性设计上的不公开性也导致其有很多安全上的漏洞。

美国计算机应急反应小组最近发表的安全漏洞测评报告称，微软的 Windows 出现了 250 次安全漏洞，其中有 39 个安全漏洞的危险程度达到了 40 分或者 40 分以上。而 RedHatLinux 只有 46 次安全漏洞，其中只有 3 个安全漏洞的危险程度在 40 分以上。测试结果表明，采用 Linux 的安全性确实比 Windows 系统有一定的优势。

通过监测 13000 个网站，除去采用不常用操作系统的网站，整理了 12089 个网站的数据。不同操作系统在这些网站所占的比例如表 4-4 所示。

表 4-4 操作系统安全性测试

系统	数量	百分比
Linux	7295	60.3%
Windows	2052	17.0%
FreeBSD	860	7.1%
Minix	774	6.4%
OpenBSD	421	3.5%
NetBSD	238	2.0%
Digital UNIX	183	1.5%
Solaris	157	1.3%
Mac OS X	109	0.9%

4.3.2 PHP 语言概述

PHP 是 Hypertext Preprocessor（超文本预处理器）的缩写，它是一种服务器端的 HTML 脚本/编程语言，是一种简单的、面向对象的、解释型的、健壮的、安全的、性能非常之高的、独立于架构的、可移植的、动态的脚本语言。PHP 是一种 HTML 内嵌式的语言，与微软的 ASP 颇有几分相似，都是一种在服务器端执行的嵌入 HTML 文档的脚本语言，语言的风格又类似于 C 语言，现在被很多的网站编程人员广泛运用。PHP 独特的语法混合了 C 语言、Java 以及 PHP 自创的语法。PHP 是将程序嵌入 HTML 文档中去执行，用 PHP 做出的动态页面执行效率比完全生成 HTML 标记的 CGI 要高许多；与同样是嵌入 HTML 文档的脚本语言 JavaScript 相比，PHP 在服务器端执行，充分利用了服务器的性能。PHP 执行引擎还会将用户经常访问的 PHP 程序驻留在内存中，其他用户在一次访问这个程序时就不需要执行编译程序了，只要直接执行内存中的代码就可以了，这也是 PHP 高效率的体现之一。PHP 具有非常强大的功能，所有的 CGI 或者 JavaScript 的功能 PHP 都能实现，而且支持几乎所有流行的数据库以及操作系统。

4.3.3 MySQL 数据库概述

MySQL 是最受欢迎的开源 SQL 数据库管理系统，它由 MySQLAB 开发、发布和支持。

MySQL 是一个快速、多线程、多用户的 SQL 数据库服务器，其出现虽然只有短短的数年时间，但凭借着"开放源代码"的东风，它从众多的数据库中脱颖而出，成为 PHP 的首选数据库。除几乎是免费的这点之外，支持正规的 SQL 查询语言和采用多种数据类型，能对数据进行各种详细的查询等都是 PHP 选择 MySQL 的主要原因。

MySQL 数据库的主要特征如下：

①MySQL 可运行在不同的操作系统下。简单地说，MySQL 可以支持 Windows95/98/NT/2000 以及 Unix、Linux 和 SunOS 等多种操作系统平台。这意味着在一个操作系统中实现的应用可以很方便地移植到其他的操作系统下。

②MySQL 拥有一个非常快速而且稳定的基于线程的内存分配系统，可以持续使用而不必担心其稳定性。事实上，MySQL 的稳定性足以应付一个超大规模的数据库。

③强大的查询功能。MySQL 支持查询的 Select 和 Where 语句的全部运算符和函数，并且可以在同一查询中混用来自不同数据库的表，从而使得查询变得快捷和方便。

④PHP 为 MySQL 提供了强力支持。PHP 中提供了一整套的 MySQL 函数，对 MySQL 进行了全方位的支持。

4.3.4 Apache 服务器概述

Apache 是世界排名第一的 Web 服务器，根据著名的 Web 服务器调查公司 Netcraft 的调查，世界上 50% 以上的 Web 服务器都在使用 Apache。

纵观 Apache，它为我们的网络管理员提供了丰富多彩的功能，包括目录索引、目录别名、内容协商、可配置的 Http 错误报告、CGI 程序的 SetUID 执行、子进程资源管理、服务器端图像映射、重写 URL、URL 拼写检查以及联机手册 Man 等。也就是说，如果在 LinuxServer 上成功安装配置了 Apache 之后，计算机也将随着 Apache 的生效而摇身一变，成为一台名副其实的 WebServer，这种变化的确是激动人心的。伴随着自由软件发展的强大动力，我们有理由相信 Apache 的未来是一片光明的。

在 Internet 时代，外部主页的发布已经成为树立公司形象的一个重要手段，而内部主页也成为公司管理的主要方式。但是，要想实现这些功能，首先应该把 LinuxServer 配置成为一台强大的 WebServer。

Apache 的主要特征是：可以在所有计算机平台上运行；支持最新的 HTTP1.1 协议；简单而强有力的基于文件的配置；支持通用网关接口 CGI；支持虚拟主机；支持 HTTP 认证；集成 Perl 脚本编程语言；集成的代理服务器；具有可定制的服务器日志；支持服务器端包含命令（SSI）；支持安全 Socket 层（SSL）；用户会话过程的跟踪；支持 FastCGI；支持 JavaServlets。

4.3.5 Linux 操作系统下 Moodle 平台的搭建

根据以上分析，采用目前最热门的组合 Linux + Apache + PHP + MySQI，是建立 Moodle 平台最经济的选择，同时也是性能最安全、可靠的组合。

4.3.5.1 操作系统安装

（1）Linux 注意事项

在安装前一定要了解两个系统的文件系统不一样。Windows 所用的文件系统主要有 FAT16、FAT32 和 NTFS；Linux 所用的文件系统主要有 exit2、exit3。

对试验机系统硬件型号要了解清楚，特别是安装双系统一定要记住，把 Linux 系统安装在最后一个盘符，分出最少 10G 的空间，安装双系统的顺序是先安装 Windows 再安装 Linux。

安装 Linux 时，需要在硬盘建立 Linux 使用的分区，在大多情况下，至少需要为 Linux 建立 3 个分区。

/boot 分区：/boot 分区用于引导系统，它包含了操作系统的内核和在启动系统过程中所要用到的文件，该分区的大小一般 100MBswap 分区。

swap 分区：swap 分区的作用是充当虚拟内存，其大小通常是物理内存的两倍左右（当物理内存大于 512MB 时，swap 分区为 512MB 即可）。例如物理内存是 128MB，那么 swap 分区的大小应该是 256MB。

/（根）分区：Linux 将大部分的系统文件和用户文件都保存在/（根）分区上，所以该分区一定要足够大，一般要求大于 5GB。

（2）Linux 操作系统安装具体步骤

①启动计算机，进入 BIOS 设置程序，设为从 CD – ROM 启动；

②把 RedHatEnterpriseLinux 第 1 张安装盘放入光驱；

③在"boot:"提示符状态下按"回车"键，安装程序会提示用户是否要检测安装光盘；

④系统开始启动图形界面的安装程序；

⑤进入安装语言的选择界面；

⑥进入"键盘配置"后，安装程序会自动为用户选取一个通用的键盘类型（美国英语式）；

⑦进入磁盘分区界面后，可以选择"自动分区"或"用 DiskDruid 手工分区"，这里试验机安装双系统，所以选择手工分区；

（如果在新硬盘上执行安装，因此会出现一个警告对话框，提示用户硬盘 sda 上的分区表无法读取，安装程序需要对其硬盘执行初始化操作，硬盘上的所有数据将会丢失。)

⑧进入磁盘分区界面后，可以看到手工分区提供一个图形化操作界面，单击新建一个/boot 分区，分区大小 100MB，再单击新建分区 swap 分区，分区大小根据试验机的物理内存翻一倍（如果物理内存为 256MB，那 512MB 就可以了），一般 512MB 就可以，单击新建最后一个分区/（根分区），把剩余的空间全部划分到这个分区；

⑨在引导装载程序配置界面中，可以设置引导装载程序 GRUB 的属性；

⑩在网络配置界面中，安装程序提供通过 DHCP 自动配置和手工设置两种配置网络的方法；

⑪Linux 本身内置了软件防火墙以加强计算机连接网络的安全性，默认 Linux 防火墙是禁用的，还有 SELinux 也设置为"已禁用"；

⑫在选择系统支持的语言界面中，可以选择系统安装的语言和系统默认语言，在这里建议选择系统默认的；

⑬在时区选择界面中，应根据实际来选择，这里选择"亚洲/上海"选项，然后单击"下一步"按钮；

⑭在设置根口令界面中，可以为 root 管理员账号设置口令；

⑮软件包安装的默认设置界面中，安装程序会显示将要安装的组件；

⑯在选择软件包组界面中，为了方便编辑各种服务的配置软件和安装基于源程序的软件包，建议安装"应用程序"中的"编辑器"和"开发"中的"开发工具"；

⑰在即将安装的界面中，安装程序会让用户作安装的最后确认；

⑱安装程序开始安装 RedHatEnterpriseLinux。

(3) Linux 操作系统环境配置

"设置语言参数：单击"Ctrl + Alt + F1"组合键，进入文本模式，输入命令"locale"查看环境，编辑"etc/sysconfig/i18n"这个文件，将第 1 句"LANG = zh_ CH. UTF - 8"改为"LANG = zh_ CN. GB18030"。

配置网络参数：输入命令"#setup"，选择网络配置。

例如网络配置参数："IP 地址：210.27.205.14；

子网掩码：255.255.255.128；

网关：210.27.205.1；

DNS 服务器：202.201.128.2。"

试验机把 Linux 系统挂载在最后一个盘符，安装系统所必需的软件在 Windows 系统下的 E 盘和 F 盘，所以要挂载这两个盘符。

挂载 Windows 分区：要注意 Windows 分区下的 C、D、E、F 盘在 Linux 下设备号分别是 sda1、sda5、sda6、sda7。

#/mnt/e/mnt/f

#vi/etc/fstab 添加下面的命令到该文本中：

/dev/sda6/mnt/evfatiocharset = gb2312, umask = 0, codepage = 93600

/dev/sda7/mnt/fvfatiocharset = gb2312, umask = 0, codepage = 93600

安装 RedHat 服务器完毕。

4.3.5.2　MySQL 数据库安装

在安装 MySQL 数据库之前，必须保证电脑上以前安装过的 MySQL 服务器已被彻底卸载。

具体步骤如下。

（1）安装 mysql-5.0.22.tar.gz

#tar zxvf mysql-5.0.22.tar.gz/* tar 为 Linux 下的解压命令*/

#cd mysql-5.0.22

#./configure --prefix=/usr/local/mysql -sysconfdir=/etc -localstatedir=/var/lib/mysql/* 设置 MySQL 的安装目录*/

#make/* 编译命令*/

#make install

#prefix=/usr/local/mysqlmysql/* 安装的目标目录*/

#sysconfdir=/etc/my.ini/* 配置文件的路径*/

#localstatedir=/var/lib/mysql/* 数据库存放的路径*/

#groupadd mysql/* 创建 MySQL 用户*/

#useradd -gmysql -d/usr/local/mysql -s/sbin/nologinmysql/* 设置 MySQL 目录为用户 mysql 属组*/

如果系统没有 mysql 这个用户的话，最好做以下这步：

useradd -M -o -r -d/var/lib/mysql -s/bin/bash -c"MySQLServer" -u27mysql

#/usr/local/mysql/bin/mysql_install_db --user=mysql/* 安装完以后要初始化数据库*/

#chown -Rroot/usr/local/mysql/* 设置目录访问权限*/

#chgrp -Rmysql/usr/local/mysql

#chown -Rroot/usr/local/mysql/bin

#chgrp -Rmysql/usr/local/mysql/bin

#chgrp -Rmysql/var/lib/mysql

#chmod777/var/lib/mysql

#chown -Rroot/var/lib/mysql/mysql

#chgrp -Rmysql/var/lib/mysql/mysql

#chmod777/var/lib/mysql/mysql

#chown -Rroot/var/lib/mysql/mysql/*

#chgrp -Rmysql/var/lib/mysql/mysql/*

#chmod777/var/lib/mysql/mysql/*

#chmod777/usr/local/mysql/lib/mysql/libmysqlclient.a

运行命令"#/usr/local/mysql/bin/mysqld_safe --user=mysql&"，测试安装是否成功。

如果显示"#Startingmysqlddaemonwithdatabasefrom/usr/local/mysql/var"，表示安装成功。

做完上面的步骤，然后把编译目录的一个脚本复制过去。

cpsupport-files/mysql.server/etc/rc.d/init.d/mysqld/* 把 mysql 的启动目录添加到系统启动目录 init 中，启动命令为 mysqld*/

#chkconfig --addmysqld/* 添加系统自起服务命令*/

用 ntsysv 设置使 MySQL 每次启动都能自动运行。

至此 MySQL 安装完毕，可以这样启动 MySQL 服务：

#/etc/rc.d/init.d/mysqldstart

下面这步比较关键：

#ln-s/usr/local/mysql/lib/mysql/usr/lib/mysql

#ln-s/usr/local/mysql/include/mysql/usr/include/mysql

(2) Openssl（安全套接层协议）的安装

#tarzxvfopenssl-0.9.7i.tgz

#cdopenssl-0.9.7i

#./config-prefix=/usr/share/ssl//* 安装目录在/usr/share/ssl下*/

#make

#makeinstall

#makeclean/* 清除安装完的垃圾文件*/

4.3.5.3 Apache 服务器的安装

在安装 Apache 服务器之前，必须保证电脑上以前安装过的 Apache 服务器已经被彻底卸载。具体安装步骤如下：

#tarzxvfhttpd-2.2.4.tar.bz2

#cdhttpd-2.2.4

#./configure--prefix=/usr/local/apache2--enable-shared=max--enable-module=rewrite--enable-so--enable-ssl--with-ssl=/usr/share/ssl/--enable-so--enable-logio--enable-module=most/* 安装 Apache 的安装目录以及 SSL 的配置*/

#make

#makeinstall

#makeclean

打开 Apache 配置文件#cd/usr/local/apache2/conf/httpd.con，修改其中的 user 和 group 为 apache。

开机自动加载 Apache 服务 "#vi/etc/rc.d/rc.local"。

在里面加入一行 "/usr/local/apache2/bin/httpd-kstart"。

测试：在浏览器中输入 "http：//localhost/"，看到 "It'sworks"，就表示安装成功了。

4.3.5.4 安装各种库

(1) libxml2 的安装（libxml2 是一个 C 程序解析器）

源代码：libxml2-2.6.23.tar.bz2

#tarjxflibxml2-2.6.23.tar.bz2

#cdlibxml2-2.6.23

#./configure

#make

#makeinstall

#makeclean

(2) zlib 的安装（很多程序中的压缩或者解压缩函数都会用到 zlib 库）

源代码：Compress-Zlib-1.42.tar.gz

#tarzxvfCompress-Zlib-1.42.tar.gz

#cdzlib-1.4.2

#perl Makefile.PL

#make

#make test

(3) libpng 的安装（libpng 是多种应用程序使用的解析 PNG 图像格式的库）

源代码：libpng-1.2.10.tar.bz2

#tar jxf libpng-1.2.10.tar.bz2

#cd libpng-1.2.9

#cp scripts/makefile.std makefile

编辑 makefile，将 prefix 改为 prefix=/usr/local/libpng2。

#make

#mkdir /usr/local/libpng2

#make install

#make clean

(4) jpeg 的安装（安装 jpeg 库，在安装 GD 库的时候如果没有 jpeg 库，GD 将不能生成 jpeg 格式的图像）

源代码：jpegsrc.v6b.tar.gz

#tar zxvf jpegsrc.v6b.tar.gz

#cd jpeg-6b

#./configure-prefix=/usr/local/jpeg6-enable-shared

#make

#mkdir /usr/local/jpeg6

#mkdir /usr/local/jpeg6/include

#mkdir /usr/local/jpeg6/lib

#mkdir /usr/local/jpeg6/bin

#mkdir /usr/local/jpeg6/man

#mkdir /usr/local/jpeg6/man/man1

#make install-lib

#make install

#make clean

(5) GD 库的安装（GD 库提供了一系列用来处理图片的 API，使用 GD 库可以处理图片）

源代码：gd-2.0.33.tar.gz

#tar zxvfgd-2.0.33.tar.gz

#cd gd-2.0.33

#./configure-prefix=/usr/local/gd2-with-zlib-with-png=/usr/local/libpng2-with-jpeg=/usr/local/jpeg6

编辑 Makefile 231 行，"将 CPPFLAGS=-I/usr/local/jpeg6/include"改为"CPPFLAGS=-I/usr/local/jpeg6/include-I/usr/local/libpng2/include"。

#make

#make install

#make clean

4.3.5.5　PHP 的安装和配置

\#tarzxvfphp-4.4.4.tar.gz

\#cdphp-4.4.4

\#./configure--prefix=/usr/local/php--with-apxs2=/usr/local/apache2/bin/apxs--with-xml--with-mysql=/usr/local/mysql--with-zlib--with-jpeg-dir=/usr/local/jpeg6--with-png-dir=/usr/local/libpng2--with-gd=/usr/local/gd2--with-config-file-path=/usr/local/lib--disable-debug--enable-safe-mode--enable-trans-sid-enable-memory-limit-enable-short-tags-disable-posix-enable-exif-enable-ftp-enable-sockets-enable-mbstring-enable-track-vars-with-openssl=/usr/share/ssl-with-curl=/usr/include/curl-with-iconv

\#make

\#makeinstall

\#makeclean

\#cpphp.ini-dist/usr/local/lib/php.ini

把 PHP 加到 Apache 里去：

\#vi/usr/local/apache2/conf/httpd.conf

添加以下内容：

LoadModulephp4_modulemodules/libphp4.so

AddTypeapplication/x-httpd-php.php

新建一个 test.php。

写一个 php 测试页 info.php，放到 apache2/htdocs 中。

[root@ localhosthtdocs]# vi info.php

<?php

phpinfo();

?>

在浏览器中输入：服务器地址/info.php。如果能正常显示 php 的信息，则表示 php 运行环境配置成功。

4.3.5.6　安装 ZendOptimizer

ZendOptimizer（以下简称 ZO）用优化代码的方法来提高 PHP 应用程序的执行速度。

\#tarxvzfZendOptimizer-2.5.7-linux-glibc21-i386.tar.gz

\#./install.sh--prefix=/usr/local/zend

\#make

\#makeinstall

4.3.5.7　安装和配置 eAccelerator

eAccelerator 是一个自由开放源码 PHP 加速器。

step1：编译 eAccelerator。

注意：整个命令操作确保在 eAccelerator 的源码目录中进行。

\#exportPHP_PREFIX="/usr/local/php"

#PHP_PREFIX/bin/phpize

#./configure -enable-eaccelerator=shared-with-php-config=$PHP_PREFIX/bin/php-config

#make

step2：安装 eAccelerator。

运行如下命令：

makeinstall

step3：配置 eAccelerator。

如果使用了系统自带的 PHP，可以将 eAccelerator 中的 eAccelerator.ini 文件拷贝至/etc/php.d 中，并且修改默认值。

如果使用的自己编译的 PHP，可以修改 php.ini，在最后加上如下几行：

#vi/usr/local/lib/php.ini

zend_extension = "eaccelerator:"（可以通过命令 whereiseaccelerator.so 查找）

eaccelerator.shm_size = "16"

eaccelerator.cache_dir = "/tmp/eaccelerator"

eaccelerator.enable = "1"

eaccelerator.optimizer = "1"

eaccelerator.check_mtime = "1"

eaccelerator.debug = "0"

eaccelerator.filter = ""

eaccelerator.shm_max = "0"

eaccelerator.shm_ttl = "0"

eaccelerator.shm_prune_period = "0"

eaccelerator.shm_only = "0"

eaccelerator.compress = "1"

eaccelerator.compress_level = "9"

step4：创建缓存目录。

第三步中设置了缓存目录，这里可以使用如下命令建立：

#mkdir/tmp/eaccelerator

#chmod777/tmp/eaccelerator

4.3.5.8 管理数据库

新建数据库和数据库管理员这里可以使用 phpmyadmin 轻松做到，将 phpmyadmin 文件解压到虚拟目录中：

#unzipphpmyadmin.zip

这样，#cp-rphpmyadmin/usr/local/apache2/ht 就可以通过 http://localhost/phpmyadmin 直接访问（注意新建数据库的时候语言要用 utf8-general_gi）图形化的操作界面，操作很简单。

也可以手动建立数据库，输入如下命令：

#cd/usr/local/mysql/bin

#./mysql

#./mysqladmin -urootpassword******** /*新建 root 用户密码*/

#createdatabaseMoodle/* 新建数据库 Moodle* /
#exit/* 推出 MySQL* /

4.3.5.9 Moodle 平台的安装和配置

Moodle 平台的安装和配置需要在文本模式下新建 Moodle 数据库存储目录，命令如下：
#mkdir/usr/local/apache/Moodledata/* 新建 Moodle 数据存储目录* /
#cpMoodle.zip/usr/local/apache2/htdocs/* 把 Moodle 压缩包拷到 Apache 服务器虚拟目录下* /

解压文件和设置访问权限：
#cd/usr/local/apache2/htdocs
#unzipMoodle.zip/* 解压 Moodle.zip* /
#chown - Rapache:apache/usr/local/apache2/Moodledata/* 修改 Moodledata 目录的拥有者为 Apache* /

配置 config.php：
①以 root 身份拷贝和编辑该文件：
#cd/usr/local/apache2/htdocs/Moodle
#cpconfig - dist.phpconfig.php
#viconfig.php
②对 config.php 作如下设置：
dbtype = "mysql"
dbhost = "localhost"
dbname = "Moodle"(数据库名)
dbuser = "root"(访问 mysql 用户名)
dbpass = "* * * * * * "(访问 mysql 密码)
prefix = "mdl_"(建立数据库中表的前缀,如果为空,不需要前缀)
wwwroot = http: //210.27.205.14/Moodle
dirroot = '/usr/local/apache2/htdocs/Moodle'
dataroot = '/usr/local/apache2/Moodledata'

配置 Apache 服务器：
#vi/usr/local/apache2/conf/httpd.conf
修改 listen80(监听 80 端口)：
serverRoot"/usr/local/apache2"/* 设置相对根目录* /
serverName210.27.205.14:80/* 设置服务器主机名称* /
DocumentRoot"/usr/local/apach2/htdocs"/* 设置主目录的路径* /
AddDefaultcharesetGB2312/* 设置默认字符集* /
ServerAdmin[email = fk_five@ 126.com]fk_five@ 126.com[/email]/* 设置网络管理员的 E - mail 地址* /
DirectoryIndexindex.phpindex.html/* 设置默认文档* /

4.3.5.10 安装 Moodle 中文支持语言包

把 zh_ cn_ utf8.zip 解压到 Moodle 文件夹下的 lang 目录，具体操作如下：

#unzipzh_cn_utf8.zip/* 解压 zip 包的命令*/
#mvzh_ch_utf8/usr/local/apache2/htdocs/Moodle/lang/* 移动 zh_ch_utf8 包到 Moodle 的 lang 文件夹下*/

4.3.5.11 测试及验证

①负载测试：在平台正常运行的情况下，找 50 台客户机同时在线学习，发现系统运行正常，没有出现异常，非常稳定。

②安全性测试：运用局域网查看工具（LanSee V1.62）对服务器进行攻击，未发现漏洞，上传当下比较流行的病毒，如 arp 病毒、熊猫烧香病毒，发现未出现异常，运行正常。由于时间和这方面知识的匮乏，所以只能进行一些简单的测试，还不够完善，希望以后可以做得更好。

根据 Linux 操作系统下对 Moodle 平台的搭建的实现、测试、验证，证明了在同等配置的服务器上运行 Linux 系统搭建 Moodle 平台比 Windows 系统下搭建 Moodle 平台稳定、安全。因此，Linux 操作系统下搭建 Moodle 平台可以为 Moodle 这个网络教学平台提供安全、稳定的环境。

5 网络课程建设

网络课程就是通过网络表现的某门学科的教学内容及实施的教学活动的总和，是网络学习空间中课程新的表现形式。它包括按一定的教学目标、教学策略组织起来的教学内容和网络教学支撑环境。其中网络教学支撑环境特指支持网络教学的软件工具、教学资源以及在网络教学平台上实施的教学活动。网络课程具有交互性、共享性、开放性、协作性和自主性等基本特征。基于 Moodle 平台的网络课程能够切实地实现个性化教学，体现了学生在学习中的主体地位，是网络空间中教师、学生协同学习的阵营和相互交流的纽带。

5.1 网络课程概述

5.1.1 网络课程的定义

要知道网络课程的定义，首先就要知道什么是课程。目前较为权威的定义是著名教育技术专家何克抗教授在他的《现代教育技术和优质网络课程的设计与开发》中，从课程论的角度出发研究了国内外专家的论点后，提出的课程和网络课程的定义。课程是指为了实现一定的教育目标所需要安排的全部教学内容与教学计划的总和。这里的教学内容不单单是指上课时学生要学习的内容，而是学生通过课堂、课外以及自学等途径所要掌握的内容和目标。而网络教学中的教学内容又和课程定义的教学内容有所不同，在网络教学中的教学内容主要是教材和有关的教学资源，教学计划则包括为讲课、自学、实验、辅导、答疑、作业、考试等各个环节拟定的步骤和计划。网络课程是指在先进的教育理论和教学思想的学习理论指导下的，以 Web 课程为基础，在学习过程具有交互、共享、开放、自主和协作等基本特征的课程。由于教学内容是包含教学资源在内的，所以网络课程的教学内容也包括教学资源在内。[①]

5.1.2 网络课程的特点

网络课程不只具有课程的特点，作为一种区别于传统教学的课程，还具有一些它本身所独有的特点。

[①] 沈姗姗. 基于 Moodle 平台的 C 语言网络课程的设计与实现[D]. 沈阳：东北大学. 2014.

①开放性。网络课程应处于互联网的状态，所以决定了它的存在有结构开放的特点。它为学生展示的不仅仅是其自身存在的一些固定的教学内容和资源，还可以使学生获得整个 Internet 上所需要的内容和资源，使学生在最大限度上享有所需的信息。

②交互性。网络课程具有良好的交互作用，可以使学生不受时间和空间的限制，在网络环境下进行人机的交互学习。

③共享性。网络课程可以通过 Internet 实现全球性的资源共享，为学生提高便捷的资源共享。

④协作性。网络课程具有协作学习的功能，学习者可以通过各种软件进行交流和探讨，使时间或空间不同的学生和教师可以实现一对一、一对多的交流学习。

⑤自主性。网络课程要求学生有自主学习的能力，学生要自觉地按照教学的目标和要求，主动地有计划地制定学习策略，积极地进行网上学习活动，并不定时地进行自我评价，获得反馈，然后根据反馈进行调整。

5.1.3 网络课程的构成

①教学内容系统。主要包含对课程的简单介绍、对教学目标的说明、需要掌握的知识点内容、典型实例和多媒体素材等。

②虚拟实验系统。主要包含虚拟的实验模拟、交互性的操作、呈现结果和分析数据等要素。

③学生档案系统。主要包含学生的个人信息（密码、账号、特征）和其他相关资料等。

④诊断评价系统。主要包含初步形成记忆的练习、阶段测验、判卷修改和成绩分析等。

⑤学习导航系统。主要包含内容检索和路径指引等。

⑥学习工具系统。主要包含字典、资料库、电子笔记本、信息检索等。

⑦协作交流系统。主要包含电子邮件、电子公告牌、讨论室、教师信箱、问答天地等。

⑧开发的教学环境系统。主要包含课程相关内容、知识点拓展的资源和网址的提供等。

5.1.4 网络课程的研究现状与发展趋势

5.1.4.1 网络课程的研究现状

现阶段，网络课程研究的主要内容是对网络课程技术的进一步设计与开发。网络课程在目前的实际应用中主要是用于课堂的辅助教学，模式较为单一；网络课程的具体维护与管理还没有形成一套完整的方法，需要进行深度研究，而网络课程的评价研究也变得越来越重要。

（1）对网络课程的研究着重于技术研究而忽视了理论上的指导

目前，网络课程的研究主要在实用方面，即比较注重具体的技术及其在课程中的运用，而关于理论指导的探索比较少。高校的网络课程缺少理论上指导，具体表现在教学目标不够明确、课程内容是对教案的简单重复、课程结构也不完善等。

（2）网络课程的设计方法研究停留在技术模块而理论深度不够

网络课程的设计只是初步地设计出了一些简单的模块，而缺乏进一步细致的分化和探讨。例如在教学模块上仅停留在教学策略、教学活动和教学评价等大块中，缺少进一步细化，如何激发学生运用学习网络课程和如何实现教学评价对教学进程的调控等，都是我们今后深入研究探讨的对象。

(3) 网络课程的教学应用研究缺乏科学研究方法的指导

现阶段关于网络课程教学的研究文章很多，但系统地讲述教育教学应用，采用科学的研究方法来探究一门完整的网络课程的文章则很少。大多数高校对网络课程的应用形式还是单一的，多数还是以远程课程教学或者教师课堂辅助教学和学生课后自主学习相结合，这种教学方式只发挥了网络课程的一小部分作用，缺少对教学模式的创新，也影响了研究结果的科学性。

(4) 网络课程的评价研究越来越得到重视

随着《关于加强网络学习空间建设与应用的指导意见》（教技〔2018〕16 号）的颁发和实施，全国各高校都加大力度进行网络课程的建设，而对于网络课程的评价研究要区别于传统的教学评价标准，我们要从理论和实践结合的情况下研究出一套网络课程的评价体系。

(5) 网络课程的开发平台目前还存在一定的局限性

随着互联网在世界范围内的推广和普及，国内外的机构已经研制出了一定的成果，其中有美国 Aspene Learning 平台、新加坡的 DRML 教学资源管理应用平台和国内的超星泛雅、科大讯飞等，但这些产品还不成熟完善，在网络课程的开发与应用方面还都处于探索研究阶段。

5.1.4.2 网络课程的发展趋势

随着网络课程研究的不断深入，网络课程的发展会越来越完善，也会在各个方面呈现出新的特点：注重教学系统的设计，加强理论的指导作用；在教学模式上谋求新的发展，创造出新的学习模式；加强学生网络课程学习的效果，注重培养学生的创新精神和实践能力；研究和完善科学的评价指标体系；在现有的平台开发基础上，进行优化和细致的研制，简化操作，强化功能。

5.1.5 网络课程的开发过程与意义

5.1.5.1 网络课程的开发过程

网络课程的开发过程如图 5-1 所示。

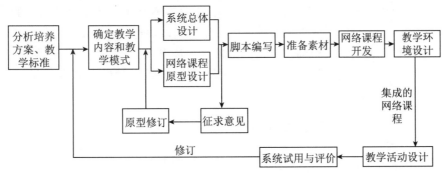

图 5-1 网络课程的开发过程

5.1.5.2 网络课程开发的意义

(1) 实现教育信息化的重要条件

教育部在"面向21世纪教育振兴行动计划"中决定实施"现代远程教育工程",该工程的有效实施,能充分发挥各种教育资源的优势,顺应世界教育发展的潮流。实施现代远程教育工程,需要开发大量网络课程。

(2) 促进课程教学模式的改革

当今世界科技突飞猛进,面对新的形势,我们的教育观念、体制、结构、内容和方法相对滞后,必须借助多媒体技术和网络通信技术等探索新型的课程教学模式和方法。

(3) 培养创新人才的需要

传统的教育方式以教师讲课为主,忽视了教师与学生的互动,实践性弱,难以激发学生的创新思想,而网络课程弥补了这一缺憾。当然它也要避免"悬空"和脱离实际,要重视技术与理论基础知识的结合。

5.1.6 网络课程开发的理论基础

现阶段的网络课程往往在教学设计和系统设计方面还存在一定的缺陷。例如,现在网络课程大部分只是对书本知识的简单复制,并没有一定的教学设计来帮助学生更深入地理解课本内容;只是一味地简单呈现教学内容,忽视对学习情境和活动的设计,没有起到很好的对学生的引导作用;教学内容的呈现大多是文字内容加入一些图片或视频的形式,过于单一,没能很好地利用多媒体资源。这些缺陷使网络课程并不能真正服务于网络教学,达不到网络教学的预期教学效果。因此,对网络课程的进一步开发和研究是刻不容缓的,其中探究网络课程开发的理论指导是重中之重。

5.1.6.1 教学系统设计的概述

教学系统设计是运用系统的方法对教学过程的各个环节进行分析,发现并解决问题,以达到教学效果最优的技术。

促进学生学习是教学设计的最终目的。因此,进行教学设计主要从发现学习的本质问题开始。教学系统设计是实现学习理论和实践相结合的关键要素。纵观网络课程的发展来看,每一次理论的进步,都会使教学系统设计发生变革,所以促进学习理论的发展变得尤为重要。传统的教学系统设计都是围绕教师而进行的,极少考虑到其他参与者;而随着深化改革的教育教学方式和各种学习理论的发展,现阶段的课程设计应该以学生为主体,重点提高学生学习的主动性。

5.1.6.2 教学系统设计的基本内容

教学系统设计主要可以分为三大板块,即教学目的的分析、教学策略的确定和教学评价的设计。教学目标是预期学生在教学后要表现出的可见行为,它是课前教学活动设计的指南,也是评价教学活动的依据。教学策略是为达到教学目标所采取的手段、工具和方法。教学评价则是在教学活动后,收集学生的学习反馈和活动信息,在与教学目标进行对比后,对教学活动过程中的教学行为进行反思总结,以便更好地修订教学目标或改正教学策略。

5.1.6.3　教学系统设计理论对网络课程的指导作用

网络课程其实就是教学内容与教学活动相结合。所以，教学系统的设计在很大程度上决定了网络课程的质量。而在网络课程的开发过程中，教学系统设计理论的指导意义主要在以下3方面。

（1）教学目标的分析

教学目标包括了某一门科目的目标、一个教学阶段的目标和单个知识点学习的目标。所以在制定网络课程教学目标时可以从这两个不同层次的目标分别考虑。

（2）教学策略的确定

①资源的设计。现在网络上的资源复杂繁多，为了方便学生提高学习效率，网络课程设计必然要对资源进行细致的筛选。设计资源时，不仅要考虑到与学习内容相契合，也要考虑到学生的年龄和认知特征。

②工具的提供。网络课程的设计需要有一些认知工具来方便学生的操作和使用，认知工具主要可以分为大众型和学科型两种。

③情境的创设。为了让学生有更好的学习效果，创建真实的情境，使学生在真实的情境中更好地理解知识的意义是较好的教育方法。在网络课程开发中，可以借助多媒体资源的丰富性，利用图、文、声并茂的方式直观地为学生呈现立体的情境，激发学生的学习兴趣。

④自主学习的设计。在网络课程的实际应用中，自主学习是学生学习的重要要求。所以在网络课程开发中，要注重怎样可以提高学生的乐趣，使学生提高自己的学习自主性；注重让学生根据自身的学习状况来自主选择感兴趣的内容学习；提供与教育内容相关联的内容，方便学生学习更多的知识；设计不同阶段的测试，方便学生实时了解自身状况，及时调整自己的学习策略和计划。

⑤协作学习的设计。在网络课程设计时，要将各种通信工具如电子邮件、聊天室等加入，方便学生实时地与同学进行交流协作。这样学生既可以以小组的方式在线讨论教师留下的问题，也可以与同学探讨自己不会的内容。

⑥教师指导的设计。为了学生有效率地学习，网络课程的开发必须融入教师的指导作用。网络课程可以在学习的各个环节都加入教师的答疑步骤和对于内容的详细注释，也要加入教师与学生的同步或非同步的交流指导。

（3）学习评价的设计

在每个阶段的知识点、课程学习结束后，需要设计各种各样的习题对学生的学习效果进行检测，并根据学生的作答对学生这一阶段的学习进行反馈和评价，然后根据一些评价来帮助学生发现其在学习中遇到的问题、困难，找出解决办法，使学生在下一阶段能够更有效率地学习。

5.1.7　网络课程的设计

5.1.7.1　设计原则

（1）个性化

网络课程与传统课程最大的不同之处是网络课程强调学生才是学习过程中的主体。所以在网络课程的设计过程中，要区别于传统的教学模式，为学生提供个性化的学习任务，让学生根据自身的情况来定义"自定义板块",体现学生个性化的学习原则。

(2) 协作化

网络课程为学生之间的协作提供了环境,学生可以不受时间和空间的限制与同学进行交流协作。因此,网络课程的设计要充分发挥这一特点,将协作功能的优势发挥到最大。

(3) 多媒体

互联网的广泛应用,促进了多媒体资源的发展,而多媒体对于教育领域的应用,使教学内容从原来的单一教材发展为如今的图、文、声并茂的情况。网络课程的设计应充分发挥多媒体教学的优势,把教材变为富有趣味性的有情境模式的图像、音频等动画素材,提高学生的学习主动性。

(4) 动态化

互联网技术的日新月异,使产品的更新换代加快,知识信息的老化周期也变短,而网络教学的动态特点可以使教学内容一直处于时代的前列,可以跟得上社会的变化。所以,我们在设计网络教育的平台时,要遵循动态化的原则,及时地更新课程内容,时常关注知识信息的更新变化,经常性地对课程的体系和结构进行更新,使课程内容紧跟时代的变化,保证知识的准确性。

(5) 交互性

交互性可以使学生的参与性、主动性得到提高。网络课程最大的优点在于既可以让学生随时随地学习,也可以作为课堂教学的辅助使用。而作为网络媒体来说,毕竟自主探究和协作学习是它的主要使用模式,所以我们在设计时生生、师生交互就变得尤为重要。因此,我们要在网络课程中加入电子邮件、聊天室等来加强师生间的交互。

(6) 共享性

网络教学与传统教学相比最大的优势在于全球的教育资源可以共享,因此在设计时要注重课程的共享性。对于相关知识点的整理,用有关信息的链接和网址等手段进行引入,实现网络资源的全球共享。

5.1.7.2 设计模式

网络课程的设计模式分为三种:基于教的网络课程设计模式;基于学的网络课程设计模式;"自主探究与协同学习一体化"的网络课程设计模式。

基于教的网络课程设计的优缺点比较明显,学生在这种模式下学习之后,可以在知识目标上有所提高,但对学生的能力和情感则没有太大的帮助。而且这种模式对学习过程不够注重,只讲究结果。

基于学的网络课程设计较注重学生的自主性,通过提高学生的学习积极性来帮助学生更好地学习。常见的引导自主学习策略有"支架式教学策略""随机进入教学策略"和"自我反馈教学策略"。基于学的网络课程在设计时可以采用 Web 课程点播方式、自主学习光盘方式、基于资源的自主学习方式来进行。

"自主探究与协同学习一体化"的网络课程设计是较为合理完善的一种模式,该类型网络课程体现了下面几个特点:

一是教学过程"前移后继"。课前预设资源、个性推送、导学驱动;课中师生互助探疑、合作探究、内化提升;课后总结反思、评价反馈、补疑拓展。

二是教学对象"尊重差异"。学习任务难度梯度化、形式多样化、评价过程化,以学生发展为本,调动学生学习主动性。

三是教学资源"个性推送"。网络学习空间自动进行学生网络学习行为数据分析，推送个性化学习资源与方法。

四是教学评价"基于数据"。学生可以随时随地学习知识和技能，或参与企业的网上活动（如生产技术讨论等），并获得积分，课程按累计积分评定成绩。

五是教学方式"双线并进"。线上以教师布置的引导性问题为基础，充分激发学生学习兴趣，帮助学生形成学习动机；线下教师组织"讨论"和"操作"，引导学生应用所学知识来解决实际问题，内化知识、强化技能。

5.1.7.3 设计策略

考虑网络课程的设计策略时需从两方面进行，即教学内容和教学活动。教学内容的设计策略大多数就是多媒体的呈现、超文本组织、系统性的指导和学习导航。教学活动的设计策略主要就是学习自主性的活动设计策略和协作性活动的设计策略。

5.1.8 网络课程开发技术与规范

5.1.8.1 网络课程开发技术

从技术层面分析，网络课程其实就是一些网络页面和学习活动的集合。所以网络课程的技术开发其实就是网页技术的开发和研究如何将各种辅助教材或知识点嵌入网页中。网页开发主要可分为动态和静态两方面。动态网页指可以随时对网页内容进行修改，实现内容的检索和可以完成人机交互的网页；而静态网页指一旦完成之后便不能对其中的内容进行删减和修改，需要更新时就要对网页进行重新编辑。静态网页主要使用 HTML（超文本标记语言）来进行开发。动态网页可以采用 ASP，JSP，PHP，CGI 等程序来编写，在制作过程中还经常用到脚本编辑语言，比如 JavaScript，VBScript。网络课程的技术开发除了网页制作技术，还有其他一些的相关技术，如流媒体技术、虚拟现实技术、智能代理技术等。

5.1.8.2 网络课程的技术规范

互联网教育的发展使远程教育得到了越来越多的重视，而网络资源也越来越丰富，但由于技术和地域的差异性，使许多的网上资源不能实现共享。为了解决这些问题，世界各国都开始制定网络学习的资源标准。

目前世界上主要的标准有：美国国防部"高级分布式学习"研究项目小组制定的"可共享课程对象参照模型"；全球学习联合公司 IMS 提出的学习技术系统规范；美国在线计算机图书馆中心与美国国家超级计算应用中心共同制定的柏林核心元数据集；电气和电子工程师协会下属的学习技术标准委员会制定的有关学习技术系统整体架构的 IEEE 1484 标准体系。

我国的主要标准研究项目是于 2000 年教育部科技司成立的远程教育标准项目，同时成立了相应的委员会。

网络课程的技术规范内容主要有以下几方面：

（1）基本要求

网络课程建设的基本要求是提高学生学习的积极性，使学生能主动地融入学习之中。网络课程是以互联网为载体的，所以网络课程必须符合互联网的运行条件。同时网络课程要保证可以进行安全下载等。

网络课程应有完整的文字与制作脚本。网络课程的各个知识点都要与其相关联的知识信息相链接，使学生能更好地掌握知识要点，并能很好地对知识点产生联想。

为避免枯燥乏味，课程中的重要知识点可以通过图文、音频、视频等手段来加强印象，把学生更好地代入教学情境中，但也要避免只是为了娱乐而没有任何教学效果的图片和音、视频出现。

（2）课程教学内容

在设置课程教学内容时不应该是随心所欲的，要与国家的相应规范标准相吻合，课程中的知识点设置要保证科学的准确性、知识的系统性和及时更新的先进性。

课程内容的设置要采用模块化的模式，以知识点或单元为基础划分模块，在划分模块的同时既要有相互之间的联系，同时又要保持相对的独立性。

每一个单元的教学内容都应该有以下几个部分：教学目标、练习和测试题、学习进度的安排、学习方法的说明等。在重要的难点知识上要有详细和由浅入深的注释和讲解，要根据学生学习情况的变化而设置各种层次的知识点结构。模块的组织结构设置要注意：课程结构要有动态的层次结构，而且相关联的知识点之间要建立联系，而且模块的知识点应该可以随时进行补充和更新，确保学生在学习时可以根据自身的情况变化而随时调整学习内容。网络课程教学内容的表现要有文字、音频、视频等单一或相结合的方式。

（3）课程导航

网络课程的导航设计要符合学生的认知，每门课程都应该要提供这样的导航方法：列出课程的结构并加以说明；在导航中列出每一个教学单元的知识点所需要的时间、进度和方法等内容；告诉学生自身所处的知识层次和位置。

网络课程文件的结构设置各个相应的子目录，子目录的设置要根据章节和类型等要素，但同时单个子目录中的文件数目不应该太多，以便进行目录维护。

网站的页面组织需要反映出课程的目录层次结构和网状结构。网页间要建立起便于学生的联系。在网页中应有到课程各个页面的链接，应提供由关键词和目录就可以查找相关内容的快速跳转功能。对于直接描绘教学内容的媒体也要有其直接可以到达的链接。

（4）教学活动设计

网络课程的核心内容是教学活动，一门完善的网络课程至少要有如下教学活动：实时讲座、实时答疑、布置作业、作业讲评、协作解决问题。教学活动安排要根据课程内容确定。

（5）教学设计原则与开发要求

设计网络课程的教学方案时，需要遵循以下的教学设计原则：注重教学目标和教学内容的分析；设计教学活动中需要的情境创设，强调情境在学习过程中不可或缺的作用；注意信息资源的设计，突出利用各种信息资源来支持"学"；注重提高学生的自主学习，强调协作、交互学习，注重协作学习环境的设计，注重基于网络教学策略设计。

在具体的研制开发中，注意对教学内容的描述文字要精练、准确。课程中的中文字体尽可能地使用宋体和黑体，字号不要太小和变化太多，页面的背景颜色应与字体的前景颜色相协调，以便缓解在屏幕上阅读的疲劳。

设计课程内容时应加入交互方式，激发学生学习的积极性、主动性。在疑点、难点上充分发挥多媒体教学的优势，展现其内涵，让学生深刻体会知识点的前后关联，从而提高学生获取知识和创新的能力。

学生可以选择对课程中的视频资源不浏览，也可对背景音乐进行自主选择，以及对教学中的配音阐述等进行关闭。

网络课程的教学内容都应该提供相关参考文献资料的链接，以拓宽学生的知识面。

（6）基本教学环境设计

基本教学环境应包括与学习直接相关联的各种练习题和教师的答疑系统、课程学习讨论系统和作业提交与管理系统，主要是指在统一教学支持平台上的教学内容设计，而不是教学系统的设计。网络课程应包含丰富、完整的题库，用作学后的练习和评价。

①练习题。题型一般包括判断题、单选和多选题、填空题等形式。

②答疑系统。每一门课程都应配备完整的答疑资料库，并提供专门解决疑问的网页界面，在此页面上进行发布问题和解决问题等行为。

③课程的学习讨论系统。提供基于 Web 讨论组的内容浏览、提交和管理等功能。

④提交作业与管理系统。提供作业提交和教师批改作业与反馈，并且有错题统计、信息归纳等功能。

5.2 网络课程建设案例

5.2.1 网络课程设计流程

Moodle 平台搭建并优化好之后，我们就要进行最关键的一步——建设网络课程。一门网络精品课程是从优秀的课程设计开始的，下面是 Moodle 环境下的课程开发流程。

5.2.1.1 确定专业人才培养方案

课程培养具有良好人文、科学素质和社会责任感，教学基础扎实，具有自我学习能力、创新精神和创新能力的一流人才，具体包含以下几个方面：得到基础研究和应用研究的训练；具有扎实的基础理论知识和实验技能，动手能力强，综合素质好；掌握科学的思维方法；具备较强的获取知识能力；具有探索精神、创新能力并具备优秀的科学品质。

5.2.1.2 设计教学大纲

此环节的主要任务是确定课程结构、制定课程目标，并把课程目标细化为单元和每课时学生应达到的具体学习目标。设计者在此阶段应完成的任务包括以下 4 项。

（1）确定课程结构

课程设计者通过审查、选择，确定课程的教学内容，并根据内容考虑课程的整体结构，也就是如何整体安排本课程的教学内容。一般来说，课程结构往往是由教学内容决定的，但有的教学内容安排起来具有很大的灵活性。课程的整体结构还与设计者的教学指导思想有一定的关系，因而课程结构具有设计者的个体特点。为了让学生在学习开始前就对学习内容心中有数，设计者应该在开课前就向学生公布课程大纲和说明教学理念的有关信息，并在每个单元一开始就运用"先行组织者"策略让学生了解本单元的学习目标、内容和教学活动的安排。

（2）制定课程目标

课程设计者通过对学生和学习内容的分析，制定和描述本课程要达到的目标，并确定学习目标属于认知学习领域、情感学习领域还是动作技能学习领域，以便选择相应的教学策略。

（3）细化学习目标

把课程目标分解成不同学习领域和不同层次的具体教学/学习目标，并把它们落实到每单元和每课时。具体教学目标通常是指对学生的预期行为、发生行为的条件和行为应达到的标准的具体描述。

（4）确定教学内容

根据课程结构、教学目标，选择合适的教学内容和活动，合理安排每一教学目标所需的教学时间。

5.2.1.3 整理教学通用主题素材

通过研发、征集和整合等方式，不断扩展、动态更新已开发的主题素材内容，完善行业标准库、实训项目库、教学教改案例库、技能考核试题库、技能竞赛方案库等通用主题素材库，这些资源可以纳入通用主题素材资源管理平台统一管理，提供公共查询检索服务。

课程建设者须收集或开发与本课程相关的格式合格、数量足够、质量达标的行业标准、实训项目、教学案例、考核试题、竞赛方案，以 Word、Excel、PDF 等文档方式作为成果，以便在通用主题素材库 Moodle 资源管理平台上导入/导出，进行检索、查询、浏览和下载使用。文件名为该素材内容的标准名称，严禁随意命名。

5.2.1.4 设计与制作教学资源

教学资源应有丰富的表现形态，它应涵盖媒体素材（音频、视频、动画、文本、图片）、案例素材等多种形式，满足学习多样性的要求。

5.2.1.5 设计教学活动

学生在参与教学活动的过程中获取知识、提高技能、实现学习目标。因此，教学活动的设计应该紧紧围绕教学目标，还要努力使学习过程成为师生积极活跃的认知、情感交流过程。Moodle 通过"活动"模块丰富了网络课程的教学活动。

教师可以利用论坛、测验、资源、投票、问卷调查、作业、聊天、专题讨论实现师生、生生、师师之间的交流；教师可以利用专题讨论让学生参与知识库的建设和基于某一主题的讨论。另外，教师还可以利用测验、作业、投票等形式对学生的学习效果进行有效的评价和获得学生的反馈。

5.2.1.6 填写教学脚本

课程建设者提供相对应的教学设计模板文本，教师只需根据模板整理素材。

5.2.1.7 开发课程

需配备专业的团队，根据填写好的教学模板开发精品 Moodle 课程。

5.2.2 网络课程建设——以"计算机应用基础"为例

5.2.2.1 网络课程框架设计

以职业院校"计算机应用基础"课程的教学目标、教学内容和教学策略为指导,对网络课程进行总体建构,设计网络课程功能结构和模块结构,如图 5-2 和图 5-3 所示。

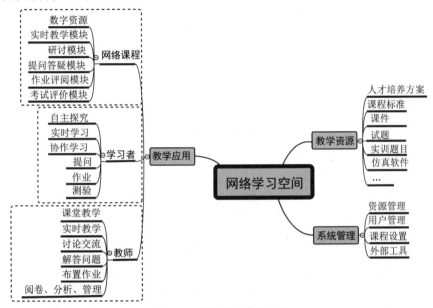

图 5-2 网络课程功能结构

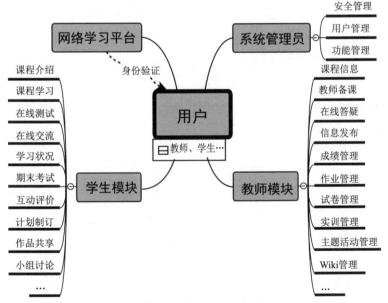

图 5-3 网络课程模块结构

5.2.2.2 数据库设计

Moodle 平台突破传统的教学模式,一方面为学生的自主学习提供丰富的媒体资料、网络资源,另一方面又真实完整地记录了课程建设过程中的教学实施过程。基于 Moodle 平台,要实现职业院校"计算机应用基础"课程共建共享,可在 Moodle 已用数据库的基础上,修订或增设一些服务于本课程的数据表。

(1) 教学内容和知识库(如表 5-1 和表 5-2 所示)

表 5-1 内容表

字段名	id	kid	name	content	power	subjection	problem	type	multi
说明	序号	知识点 id	知识点名称	教学内容	权限	隶属	问题	类别	多媒体

表 5-2 知识点资料表

字段名	id	kid	title	content	style	sfile	type
说明	序号	知识点 id	标题	内容	适应的学习策略	附件	附件类型

(2) 学生模型库(如表 5-3~表 5-8 所示)

表 5-3 用户的基本信息表

字段名	uid	name	password	sex	mail	status	learn style	last login
说明	用户名	姓名	密码	性别	邮箱	用户身份	学习策略	上次登录时间

表 5-4 学生认知水平表

字段名	uid	lv1	lv2	lv3	lv4	lv5	lv6
说明	用户名	水平1	水平2	水平3	水平4	水平5	水平6

注:lv1~lv6 分别代表学生的 6 种认知水平值。

表 5-5 学习记录表结构

字段名	uid	kid	lv1~lv6	lv	mark	learn style	learn time	study date	exam time	score
说明	用户名	知识点 id	6种认知水平值	综合掌握程度值	1-知识点完全掌握	采用的学习策略	学习时间	学习日期	考试日期	成绩

注:1. 本表用于记录学生知识点学习情况。
2.6 种认知水平值对应的标记:1—知识点完全掌握;2—知识点基本掌握,需要强化练习;3—知识点部分掌握,需要指导;4—知识点刚入门,需要进一步学习;5—知识点没有学会,需要重新学习;6—知识学习有困难,需要补充前导知识。

表 5-6 学习策略记录表

字段名	uid	learn style	number	score
说明	用户名	学习策略	第几次用本策略开始本系统的学习	用本学习策略学习后的成绩

注:本表主要是为了追踪学生的历史学习策略,及使用此策略学习的成绩,最后依据算法作出此学生本课时更适合哪种学习策略的判断。

表 5-7 学习兴趣表

字段名	uid	kid	text	image	ppt	video	audio	bbs
说明	用户名	知识点 id	文本	图片	幻灯片	视频	音频	虚拟环境

注:本表主要用于记录学生学习相关知识时比较感兴趣用哪种方式进行学习,可为学生的个性分析提供相应数据。

表 5-8　学习访问表

字段名	uid	kid	url	access time	number
说明	学生 id	知识点 id	网址	访问时间	访问次数

注：本表记录学生学习打开的网址与学习时间，可为学生的个性分析提供相应数据。

（3）试题库（如表 5-9～表 5-12 所示）

表 5-9　单选题试题表

字段名	id	kid	timu	suggested-answer	answer	td	cog
说明	试题 id	所属知识点 id	题干	备选答案 A, B, C, D	答案	难度	认知能力

注：td 为试题难度（1—容易，2——般，3—较难，4—很难），cog 为认知能力（1—识记，2—理解，3—应用，4—分析，5—综合，6—评价）。

表 5-10　多选题试题表

字段名	id	kid	timu	suggested-answer	answer	td	cog
说明	试题 id	所属知识点 id	题干	备选答案 A, B, C, D	答案	难度	认知能力

注：td 为试题难度（1—容易，2——般，3—较难，4—很难），cog 为认知能力（1—识记，2—理解，3—应用，4—分析，5—综合，6—评价）。

表 5-11　问题表

字段名	pid	ask_uid	content	answer	ask time	type
说明	问题 id	提问者的用户标识	问题内容	问题答案	提问时间	有无解答

表 5-12　问题答疑表

字段名	id	pid	ans_uid	content	ans_time	type
说明	序号	问题 id	答疑者的用户标识	解答内容	解答时间	是否解答

（4）作业库（如表 5-13 和表 5-14 所示）

表 5-13　作业内容表

字段名	tid	uid	content	time	sfile
说明	作业 id	教师 id	作业内容	布置时间	附件

注：本表用于老师安排布置作业。

表 5-14　学生作业表

字段名	id	tid	uid	content	stime	sfile
说明	序号	作业 id	学生 id	解答内容	提交时间	附件

注：本表用于学生提交作业。

（5）协作学习库（如表 5-15 所示）

表 5-15　协作学习表

字段名	id	kid	uid	content	sfile	mail date
说明	序号	知识点 id	发言者 id	内容	附件	发送时间

注：本表用于记录学生在协作学习环境下的交流。

（6）系统消息库（如表5-16所示）

表5-16 系统消息表

字段名	id	send_uid	receive_uid	title	content	sfile	mail date	type
说明	序号	发送者id	接收者id	标题	内容	附件	发送时间	是否阅读

5.2.2.3 导航策略的设计

在网络课程设计开发时，要利用多媒体的优势，充分发挥其作用，提高学生的学习积极性，减少学生的认识负担，有效地向学生提供引导功能，这些行为设计就是导航。导航能为学生在学习复杂结构的知识点和内容时提供有效的向导，它可以避免学生偏离教学目标，可以使学生高效准确地学习，最终提高学生的学习积极性，提升学习效率。

本网络课程设置了以下几种导航：

①模块导航。在主页上设置以关键词命名的链接，如"教学大纲""习题"和"测验"等，方便学生快速地找到自己要进行的学习阶段。

②线索导航。在学生再次进入学习系统时，可以找到以前学习的记录，使学生可以快速地回到上次学习的地方，也方便学生进行知识点的回顾和复习。

③检索导航。为了使学生可以快速高效地找到需要学习的知识点，要设计搜索功能。

5.2.2.4 交互策略的设计

（1）网络课程中的人机交互

人机交互的意思是人与计算机之间通过某种程序实现信息的交换和互动来完成某一项确定的任务，又称对话方式或交互技术。人机可以通过不同的交互方式来完成人向计算机输入信息和计算机向人输出信息的工作。目前流通的人机交互方式主要有问答式对话、菜单技术、命令语言、查询语言、自然语言、图形方式和直接操纵等。

本网络课程实现人机交互的原则为：简易性、一致性、反馈性、容错性、图形化。

（2）网络课程中的人人交互

网络课程的交互是实现协作学习的必要条件。要实现网络协作学习，首先要解决人机交互问题，其次要引导学生协作学习的行为，因此网络课程就必须提供协作机制、共享信息、共享活动和角色扮演。

5.2.2.5 基于Moodle的网络课程教学功能的实现

（1）利用课程文件管理功能实现课程资源的高度共享

在Moodle平台上，每门课程都设有一个相对独立的存储空间，方便教师上传各种教学资源，包含常见的教学课件、音频、视频多媒体素材以及Flash动画等，也可以将上传的课程资源链接到指定的网址，或者是在网页表单中直接编辑简单的文本。学生可以结合自己的实际，按需学习。

（2）利用聊天功能实现在线实时同步教学

Moodle平台的聊天功能能够提供相对同步、流畅的文本交互，并支持表情符号、URL地址、图像等格式，供师生、学生相互之间进行交流，系统会记录所有针对课程的即时讨论、交流的内容，还可以手动设置是否对师生公开。除此之外，当学生在学习过程中有疑问时，教师可通过 Moodle 平台实施一对一或一对多的实时在线答疑。

（3）利用作业上传功能实现全时空教学

Moodle 平台可以让学生上传各种格式的作业，还会自动记录学生提交作业的时间，这样，不能实时在线学习的学生，也可以按照教师布置的任务，选择合适的时间自主学习，然后将作业上传到系统中，由教师审阅。教师对学生完成作业的评价也能以 E – mail 形式发送给学生，进一步实现全时空教学。

（4）利用讨论区功能实现小组协作互助学习

在 Moodle 平台上还可以创建讨论区。在学习活动中，教师可以对整个班级的学生进行分组，并对讨论区进行讨论形式的限定，让学生围绕相关主题进行讨论，并将自己的观点上传到讨论区，从而促进沟通和交流，也丰富了学习资源。

（5）利用测验功能实现教师对学生学习状况的考核

Moodle 平台还有一个功能就是在线测试系统，它可以支持填空、判断、选择、匹配等多种测试题型。教师可以根据实际手工或随机出题，用于测验学生对所学知识的掌握情况；并且系统还有自动限时和自动评分等功能，题目和答案可以随机显示，防止作弊。

（6）利用学习活动报告功能实现教师对学生学习过程的监控

学生活动报告是教师在 Moodle 平台中对学生学习的各种记录。教师通过查看学生的学习活动报告，跟踪学生的学习过程，从侧面了解学生对课程的关注程度和学习态度。教师在不同阶段根据活动报告记录的内容对学生的学习情况进行整理并反馈给学生，使学生看到自己与同学的差距，及时调整自己的学习策略。

5.2.2.6 网络课程的实现

网络课程的部分界面如图 5 – 4 所示。

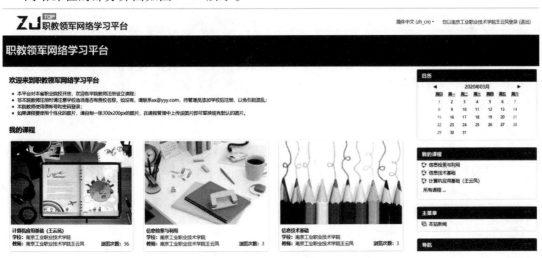

图 5 – 4 Moodle 平台上网络课程部分界面

图 5-4　Moodle 平台上网络课程部分界面（续）

(1) 设置新用户

使用 Moodle 平台进行学习时，要求用户首先登录系统，进行身份确认。通过不同的身份登录可以加强对网络环境的管理与维护。首次登录要以管理员身份登录，在管理菜单中单击【添加一个新用户】，输入编号、姓名、密码、电子邮件地址等信息。Moodle 系统中将用户分为六类角色，如表 5-17 所示。

表 5-17　课程角色与权限

角色	权限
网站管理员	网站管理员有权在站点内执行任何操作
创建课程者	可以创建新课程，并且有任教资格
教师	负责本课程的全部工作，其中包含管理工作和学生的评价工作
教学助理	协助教师讲授课程或给学生打分，但没有权限改变课程活动
学生	有学习课程的权限
访客	只有浏览的权限

Moodle 系统有三种基本身份用户：管理员、教师、学生。这里的管理员是维护平台的日常安全、信息更新的人员，负责对教师和学生进行技术支持；教师主要负责所属课程的设置、教学活动的设计、教学资源的建设与维护以及对学生学习情况的监督、指导和评价等；学生，即传统意义的学习者，根据自己的实际情况参加学习。不同身份的用户拥有不同的访问权限。

(2) 设置课程

首先输入用户名和密码进行登录，进入 Moodle 课程主页面，单击【网站管理】—【课程】—【管理课程和分类】，在网页单击【建立新课程】，如图 5-5 所示。

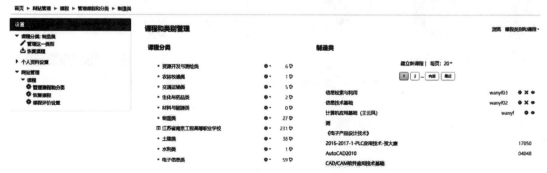

图 5-5　添加课程

然后在弹出的网页填写表单，在这里可以按照自己的要求对课程进行设置，填写或选择相关课程信息，所有的要素填写完毕之后单击【保存更改】，完成新课的设置。如图5-6所示。

图5-6　课程基本信息设置

根据不同的使用需求，结合网络课程的功能以及考虑到实际的应用价值，本着简约的风格进行课程的框架设计。本课程采用主题格式来呈现课程，根据教学的要求添加相应内容，如图5-7所示。

图5-7　课程格式、外观设置

在课程界面设计上要遵照以下设计原则：

①一致性。界面设计要求给用户的界面要统一，使学生应能根据自身的经验做出相应的选择。一致性包括使用规范的界面元素，也包括使用相同信息的表现方式，如字体、标签风格、术语等。

②清晰性。界面设计的复杂程度要结合认知特征，科学分析学生所有的相关体验。对于使用的界面元素，学生的体验能否相同，是否需要标注，或者进一步提供帮助信息，都要遵从相关规范。

③反馈性。在用户界面设计中，考虑系统间与学生的交流和反馈是很重要的。这些反馈信息有可能是警告声或进度指示条等一些基本反应，但能够让学生切身感到自己与系统进行了交流，真正融入了学习情境中，而不是单纯地浏览。

在课程界面中加入一些美化的功能，通过友好的界面设计和界面美化，丰富课程界面内容，使环境更有利于学习和讨论。

单击【打开编辑功能】，就会切换到课程编辑页面。然后在课程界面的右下角会出现【板块】功能，在【板块】的【添加…】中，会出现很多不同的板块，选择需要的功能，系统将为课程界面按照我们的设置来添加相应的板块，可以通过【编辑】进行功能配置。如图5-8所示。

图5-8　课程功能模块设置

以添加时钟为例来说明【板块】中【HTML】的功能。在【板块】中选择 HTML 系统就会按照选择为课程界面添加上 HTML 板块，单击【编辑】进入配置页面，在"板块标题"栏中填入"时钟"，也可以空缺选择不填。如图 5-9 所示。单击内容工具栏中【切换到 HTML 代码模式】，切换到 HTML 代码模式后，在内容文本框中输入如下 HTML 代码：

```
<span id=tick2>
</span>
<script>
<!--
function show2(){
if (!document.all)
return
var Digital = new Date()
var hours = Digital.getHours()
var minutes = Digital.getMinutes()
var seconds = Digital.getSeconds()
var dn = "AM"
if (hours > 12){
dn = "PM"
hours = hours - 12
}
if (hours == 0)
hours = 12
if (minutes <= 9)
minutes = "0" + minutes
if (seconds <= 9)
seconds = "0" + seconds
var ctime = hours + ":" + minutes + ":" + seconds + " " + dn
tick2.innerHTML = "<b style='font-size:22; color:blue;'>" + ctime + "</b>"
setTimeout("show2()",1000)
}
window.onload = show2
//-->
</script>
```

图 5-9　添加时钟板块

单击【板块】为课程界面添加两个板块："即将来临的事件""日历",单击"即将来临的事件"板块的【新事件…】进入事件编辑页,在这里可以选择需要添加的事件类型,选择课程事件,进入"新事件(课程事件)"编辑页,在"新事件(课程事件)"页中的"名称""说明"以及"时间"中输入相应内容。如图 5-10 所示。

图 5-10　添加事件

单击【保存更改】,系统将会跳转回事件日历管理页面,单击【新事件…】再次添加新的事件,然后回到课程页面中,我们可以看到"日历"和"即将来临的事件"添加了新的内容,然后单击事件的标题,可以查看事件的全文,在"日历"板块中,我们可以发现在日历上已用相应的色块把不同事件逐个标记出来,选择相应的日期后就会显示出相对应的事件。如图 5-11 所示。

Moodle 平台中课程的功能模块很丰富,且新的插件不断涌现,可以结合实际需要进行添加和设置。

图 5-11　课程功能模块

(3) 课程实现

①标签的使用。标签的作用是呈现课程内容的简介，美化课程的界面，使课程内容更加清晰简洁。以教师身份登录 Moodle 的网站，进入自己的课程当中，然后单击右上角的【打开编辑功能】，单击【添加一个资源】，在下拉列表中选择【插入标签】，编辑插入的标签内容。在编辑页中编辑学生学习这门课程时需要的步骤和注意事项，然后单击【保存更改】。如图 5-12 和图 5-13 所示。

图 5-12　标签的编辑

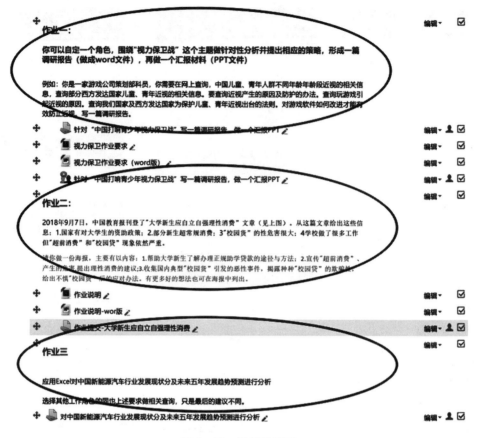

图 5-13 标签的使用

②创建投票调查。在开展教学活动之前，教师需要了解学生对该门课程的了解程度，以及学生本身的能力是否可以开始学习这门课程，这可以通过投票功能来实现。

以教师身份进入课程后，在编辑的状态下，单击【添加一个活动】，选择下拉列表中的【投票】，在编辑页面中，详细填写投票名称、简要描述、投票选项，然后保存。如图 5-14 和图 5-15 所示。

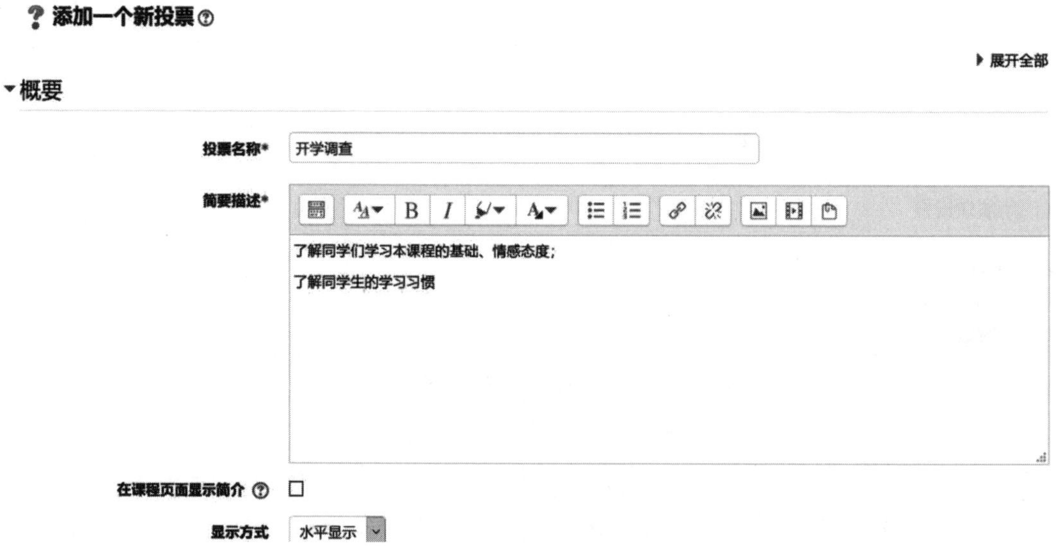

图 5-14 创建投票

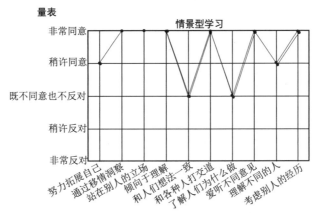

图 5-15　投票结果分析

③设计文本页。在 Moodle 中对学习目标、学习资源、课时安排等文本类内容的呈现可以通过使用资源中的文本页或网页来实现。Moodle 课程中的资源一共有 5 种：文本页；网页；文件或站点；目录；标签。

以教师身份进入自己的课程，按照自己的需求建立课程的学习目标。使用"文本页"创建了学习目标后，在编辑状态下，单击【添加一个资源】，选择下拉列表中的【编写文本页】，在编辑页面中，详细填写文本页的概要和内容。如图 5-16 所示。

图 5-16　文本页的编辑与应用

④互动学习社区。利用 Moodle 平台可以创建一个互动的学习环境。如：创建聊天室来方便教师与学生或学生与学生之间进行交流，然后利用心得体会提高学生的反思学习能力，如图 5-17 所示；通过 Wiki 的方式让学生进行协作共同创作一个作品，通过互动提高学生的学习质量，激发学生的学习积极性，促进学生全面发展。

图 5-17 聊天室在课程中的应用

⑤师生同步交流。创建一个讨论功能区。聊天室是方便师生进行实时交流活动的一个功能区，教师和学生提前约定好一个时间，进入聊天室之后互相可以查看在线信息，师生也可以通过留言、群发等进行交流，学生有不懂的问题可以即时向教师提问并即时得到回复，这是教学中一种在线的深度有效的互动学习方式。

教师首先登录到 Moodle 的网站，进入自己的课程，选择创建讨论室板块。单击课程界面的【添加一个活动】，在下拉列表中选择【聊天】，进入页面进行设置，设置结束后会出现如图5-18所示的界面。

图 5-18 创建聊天室

聊天室建好，教师、企业工程师、学生等用户可以约定一个时间共同进入聊天室，进行实时交流。如图 5-19 所示。

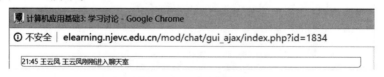

图 5-19 聊天室应用

⑥师生异步交流。在讲课之前教师可以利用 Moodle 中的讨论区活动模块，通过这样的讨论，提高学生参与课堂的积极性，加强教师和学生之间的交流。

讨论区是 Moodle 中一个使用最多的工具，学生通过它互相交流，就像跟人谈话一样。实施在线讨论话题的主要工具就是设置讨论区，如果要设计交际型课程的话，讨论区就是核心内容。

在讨论区的交流是不受时间和空间限制的，只要在互联网状态下，师生之间就可以进行随时随地的交流。这种交流不同于聊天室的同步，它可以是不同步的，学生可以经过研究思考之后随时来回复讨论区上的帖子。研究表明，与课堂上的同步发言相比较，更多的学生愿意进行异步讨论区的讨论。参与讨论区的讨论也是探究式学习的一部分，可以帮助学生深入理解所学的内容。

教师进入自己的课程之后，开始创建讨论区。在编辑的状态下，选择课程界面中央的【添加一个活动】，在下拉列表框中选择【讨论区】，填写窗口中的内容，填写完成后，单击【保存更改】。可以选择添加新话题，也可以选择参加现有话题的讨论。如图5-20和图5-21所示。

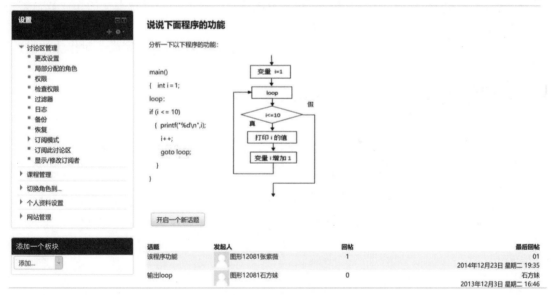

图5-20 创建/编辑讨论区

图5-21 讨论区应用

⑦创建作业。学生通过做作业，对所学的知识进一步加深理解和记忆，迅速地检验听课效果和知识的掌握程度，及时发现所学的缺漏并加以弥补。同时，学生做的作业可以给教师提供教学的反馈，教师通过学生做作业的情况了解学生的学习状况，然后可以根据学生的不同情况有针对性地进行指导，使学生可以更好地掌握所需学习的知识。作业这一环节是教师对学生了解中必不可少的一个环节，对师生双方的沟通起到了很大的作用。

打开Moodle软件的编辑功能，选择【添加一个活动】，在下拉列表中选择【作业】，出现作业编辑界面，在界面中输入需要输入的内容，输入完成后单击【向后】进入下一页，然后单击【继续】，作业创建成功。如图5-22所示。

图 5-22 作业设置

教师对作业进行批改时，打开 Moodle 上布置的作业，右上角会出现上交的作业数目，单击就可以进入作业批改界面。教师在该界面对学生的作业进行查看后，在该学生作业的右侧【成绩】处单击，进入教师的批改界面，批改后单击【保存更改】，就完成了对作业的批改。如图 5-23 所示。

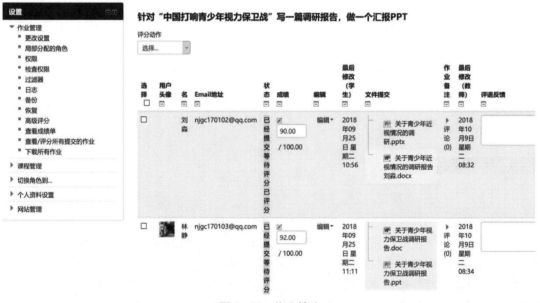

图 5-23 作业批改

⑧编写试卷。在学习进行了一阶段后,教师想看看学生在这个阶段对知识的掌握情况,就需要对学生进行一次测验。教师希望能够在网络平台上建立一份试卷,学生完成作答后,计算机自动进行批改,省去教师大量的人工工作。另外,为了加深学生对知识点的强化理解,希望试卷可以允许学生进行试答和练习。如图 5 – 24 和图 5 – 25 所示。

图 5 – 24　题库建设

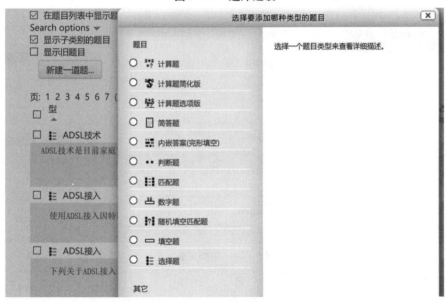

图 5 – 25　新建试题

添加一份测验,单击【添加一个活动】,在下拉列表中选择【测验】,出现测验的编辑页面,按照相关提示输入内容,输入完成后单击【保存更改】,就会发现一个新的编辑页面。如图 5 – 26 所示。

图 5-26　编辑测试

教师编写完试卷，学生就可以答题了。如图 5-27 所示。

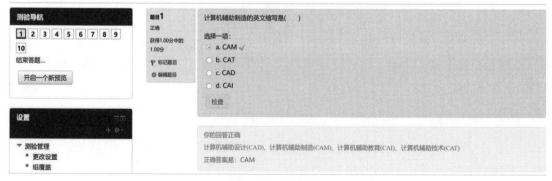

图 5-27　测试实施

需要特别注意，一旦有学生对测验题目进行了答题或试答之后，测验的题目就不能进行编辑修改了。因此，在题目设置未完全结束之前，一定不能开放测验，或者可以直接将该测验进行隐藏，这样才能确保测验正常进行。如果教师有 Word 文本的试卷，也可以不用在 Moodle 中进行测验，直接进行导入。

⑨测验成绩的分析。在测验结束之后，单击【测验】就可以查看学生答题的情况和成绩，如图 5-28 所示。系统还为教师提供了三种分析方法来了解学生测试成绩，进行深入分析，以此得到对学生的学习状况、知识薄弱点的完全了解，如图 5-29 所示。

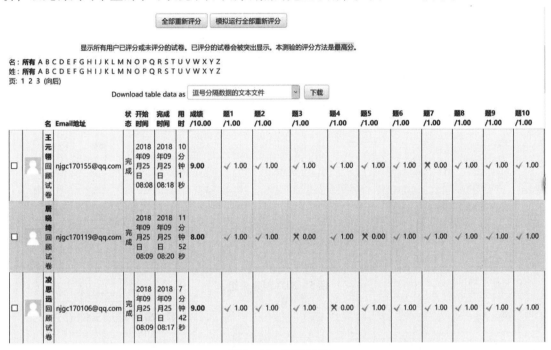

图 5-28 测试成绩

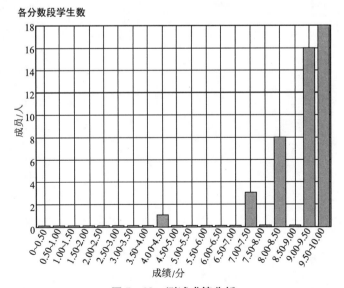

图 5-29 测试成绩分析

（4）管理课程

设计和实施本网络课程只是为学生搭建一个学习平台，要真正实现网络课程的优势，使各项功能都得到很好的应用,还是要积极组织学生有效地参与学习。只有学生通过使用网络课程得到了提高,才能很好地完成教学目标,这是我们建立网络课程的目标和初衷。

管理课程主要是从以下几方面来进行:

①创建班级和小组。本课程中的学习活动按照小组模式展开,小组模式主要分为无小组、分隔小组和可视小组,教师根据学生和课堂的实际情况进行设置。教师要在课前或课上,事先整理好学习内容和学习步骤,按照学生的基础、特长和性别等因素,按照"互补互助、协调和谐"的原则,把学生编成小组,产生"1+1>2"的效果。如果是新组建的一个集体,教师与学生、学生与学生之间还缺乏了解,不能够按照实际情况分组的时候,教师可以先通过学生的自我评价或者根据以前的成绩作参照进行初步分组。经过一定时间的了解之后,再根据小组协作的不同阶段重新分组。如图 5-30 和图 5-31 所示。

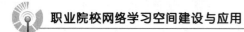

图 5-30 创建大组

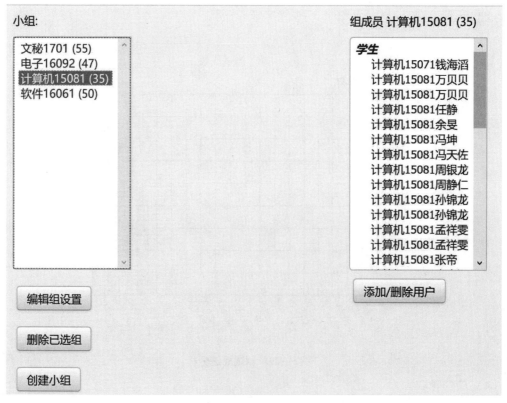

图 5-31 创建小组

教学中常见的分组形式有以下 4 种：差异组合式，即异质分组；就近分层式，即同质分组；男女搭配式；自由搭配式。

②添加班级通信录。为了教学活动的顺利开展，有必要对学生的基本信息进行了解和整理。在一个新的集体产生时，可以先设计一个班级通信录，方便教师组织教学活动和与学生相互交流。

Moodle 系统中的数据库功能，可为网络课程创建一个班级通信录，如图 5-32~图 5-34 所示。

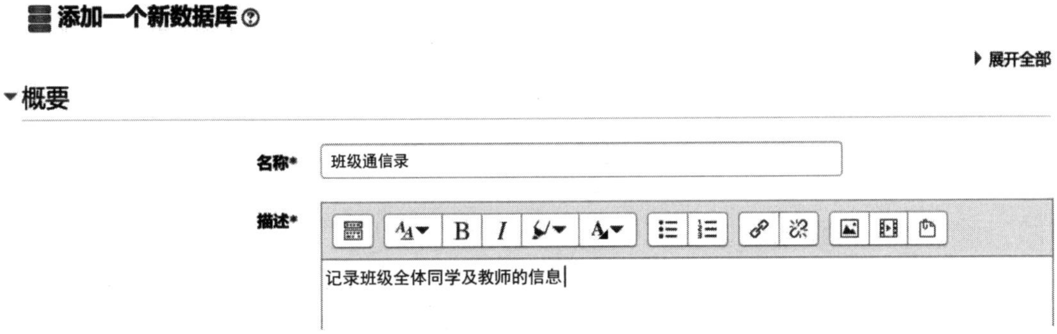

图 5-32 创建班级通信录数据库

图 5-33 编辑班级通信录字段

班级通信录

记录班级全体同学及教师的信息

| 显示列表 | 独立视图显示 | 查找 | 增加条目 | 输出 | 模板 | 字段 | 预设 |

新条目

班级：接本秘书班

姓名：周露

电话：

QQ：

近期个人照片：

新文件的最大尺寸：512MB，最多附件：1

▶ 📁 文件

您可以通过拖放文件到此处来添加文件。

可替代文本：

[保存并浏览] [保存并添加另一个]

图 5-34　填写个人信息

③跟踪学生学习过程。Moodle 中的"报表"功能可以有效地帮助教师了解学生的学习情况，包括学生的登录时间、IP 地址、参与哪些活动和进行了哪些操作等，可以使教师随时了解学生的动态，并对教学活动的安排进行及时调控。这种方式可以在教学进行的同时对学生的现状进行评价，可以及时迅速地了解学生的学习情况，在学生的学习质量出现状况的同时教师就能对学生进行调控，使学生在学习方向上不会出现严重偏差，学习质量也不会下降得太严重，保证评价功能可以在教学中起到很好的引导作用。如图 5-35～图 5-37 所示。

④有效管理学生成绩。本网络课程中的"成绩"模块是每个学生学习情况反映的总和。这个模块的主要作用就在于教师可以随时查看学生近期的学习情况。打开成绩模块就可以看到这一阶段学生参与教学活动所获得的成绩，模块中会列出根据测试所得的作业、考试分析、报告等情况。通过成绩模块可以全面考虑学生在一个阶段的学习效果和与学习密切相关的一些要素，可以看出学生在这个阶段是否将心思放在学习上，只要学生参与了这一阶段的学习活动，教师就可以伴随这一阶段的教学过程而随时对学生进行评价和查看学生的情况。如图 5-38 所示。

从2014年07月17日 星期四 18:57开始的日志中计算得出

活动	浏览	相关博客	上次访问
开课前致同学们一封信	56	-	2018年09月11日 星期二 08:48 (103 天 13 小时)
课程介绍	35	-	2018年06月5日 星期二 08:20 (201 天 13 小时)
通知 - 公告	215	-	2018年12月23日 星期日 20:24 (1 小时 48 分钟)
各位同学，在学习中遇到任何问题都可以在讨论区中讨论，好的意见和建议将获得加分!	68	-	2018年12月23日 星期日 20:35 (1 小时 36 分钟)
资源下载	307	-	2018年12月4日 星期二 10:26 (19 天 11 小时)

图 5－35　课程活动日志

Select log reader

Standard log ▾　Pause live updates

时间	用户全名	受影响的用户	事件情境	组件	事件名称	描述	Origin	IP地址
03月24日 21:54	王云凤	-	课程: 计算机应用基础（王云凤）	系统	查看了课程	The user with id '22665' viewed the course with id '2293'.	web	117.89.232.23
03月24日 21:53	王云凤	-	课程: 计算机应用基础（王云凤）	系统	查看了最近活动	The user with id '22665' viewed the recent activity report in the course with id '2293'.	web	117.89.232.23
03月24日 21:52	王云凤	-	课程: 计算机应用基础（王云凤）	系统	查看了课程	The user with id '22665' viewed the course with id '2293'.	web	117.89.232.23
03月24日 21:47	王云凤	-	课程: 计算机应用基础（王云凤）	系统	查看了课程	The user with id '22665' viewed the course with id '2293'.	web	117.89.232.23
03月24日 21:47	王云凤	-	讨论区: 各位同学，在学习中遇到任何问题都可以在讨论区中讨论，好的意见和建议将获得加分!	讨论区	查看了课程模块	The user with id '22665' viewed the 'forum' activity with the course module id '96159'.	web	117.89.232.23
03月24日 21:47	王云凤	-	课程: 计算机应用基础（王云凤）	系统	查看了课程	The user with id '22665' viewed the course with id '2293'.	web	117.89.232.23
03月24日 21:47	王云凤	-	讨论区: 新闻讨论区	讨论	查看了课程模块	The user with id '22665' viewed the 'forum' activity with the course module id '96150'.	web	117.89.232.23

图 5－36　实时日志

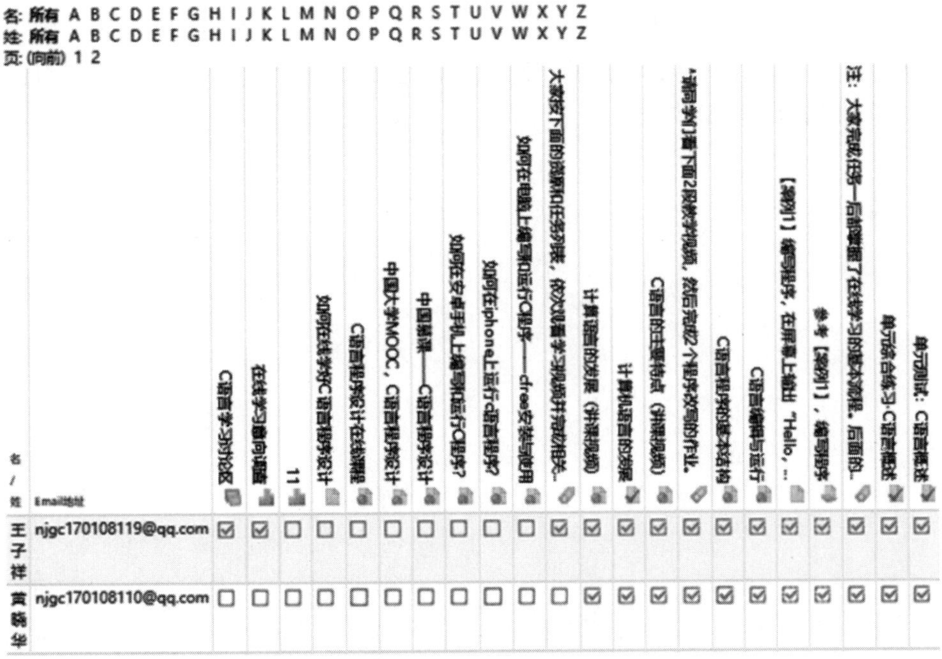

图 5－37　学生活动进程

名	姓	测验：因特互动评价	互动评价	测验：基础测验	基础作业	多媒作业	多媒互动评价	PP作业	PP互动评价	互动评价	测验：计算测验	计算测验	计算测验	计算互动评价	互动评价	课程总分
冯	软件16061	-	100	19.5	-	28.25	-	-	20	-	-	100	37.5	-	76	20	82.11
刘 鹏	软件16061	-	98	19.78	24	38	-	90	-	85	74.67	19.4	95	70	70	77.33	20	85.72
刘 鹏	软件16061	4	87.5	19.94	-	36	-	95	-	90	77.33	19.37	100	7.5	5	77.33	20	72.2
包	软件16061	3	96	19.64	-	33	-	95	-	0	74.67	19.91	67.5	-	-	87.5	80	20	76.28
吴 雯	软件16061	-	98	16.04	34	48.5	-	93	-	82	45.33	-	20	45	92.5	100	97.5	-	84.89
吴 杰	软件16061	0	100	19.88	19	41.5	-	-	-	80	50.67	18.6	100	90	67.5	0	80	20	73.66
吴 涛	软件16061	-	88	19.94	32	44	-	-	-	82	77.33	10.39	62.5	0	0	80	20	55.5
吴 晴	软件16061	5	68	20	26	44.25	-	90	-	78	69.33	19.95	70	30	55	45	-	-	68.33
夏 鹏	软件16061	-	80	20	-	37.5	-	-	-	85	64	20	85	-	-	67.5	-	60	20	80.85
孙 腾	软件16061	-	94	20	32	48.5	-	88	-	80	56	16.99	-	-	-	80	18.49	87.77
宋 豪	软件16061	-	100	18.46	33	43	-	92	-	80	80	18.2	75	70	77.5	-	80	20	86.36
宋 雯	软件16061	-	98	19	21	35	-	85	-	-	-	-	-	-	-	53.33	18	80.84
开	软件16061	6	94	19.91	36	41.25	-	95	-	82	-	-	95	87.5	-	77.33	19.96	90.06
张 楠	软件16061	-	96	20	16	34.25	-	-	-	80	80	19.4	77.5	42.5	-	74.67	16.1	76.38
张 鸣	软件16061	-	94	20	-	40.75	-	80	-	80	74.67	19.97	-	-	-	69.33	20	87.49
张 琪	软件16061	-	98	19.88	29	43.75	-	-	-	80	53.33	20	100	100	100	80	20	92.43
徐	软件16061	-	100	18.33	28	47	-	95	-	82	50.67	16.4	-	80	-	95	77.33	20	77.7
朱 玮	软件16061	-	-	-	-	-	-	-	-	-	-	-	-	-	-	-	-	-
朱 辉	软件16061	-	76	20	-	41.5	-	-	85	-	82	66.67	19.99	-	-	-	80	19.8	86.91
李 辉	软件16061	-	94	19.44	25	42.75	-	92	-	90	64	17	95	97.5	90	90	80	19.4	87.36
李 敏	软件16061	-	98	15.18	-	44.75	-	90	-	-	-	2.5	0	-	-	78.67	20	50.75
杨 雯	软件16061	-	90	20	36	48	-	95	-	83	80	13.3	52.5	77.5	-	100	77.33	20	77.95
林 然	软件16061	-	-	-	-	36.5	-	-	85	77.33	12.5	-	-	-	-	69.33	18.8	75.17
植 兵	软件16061	-	92	19	-	39.75	-	88	-	83	77.33	20	87.5	47.5	-	65	80	19.1	78.97
沈 俊	软件16061	6	98	18.64	29	39.75	-	78	74.67	18.2	97.5	90	90	87.5	80	20	86.78
王 伟	软件16061	-	86	18.16	28	42.75	-	78	-	56	17.35	82.5	-	-	-	70.67	10.7	77.27
王 洲	软件16061	-	98	19.52	-	39.5	-	81	80	19.6	-	-	-	-	-	80	19.99	90.59
王 栋	软件16061	-	90	19.55	33	40.5	-	78	72	20	-	-	-	-	-	-	85.59
王 淳	软件16061	4	92	20	35	45	-	82	72	20	97.5	80	100	-	74.67	18.5	90.92
王 鹏	软件16061	-	92	19.56	29	44.75	-	85	58.67	20	100	95	100	-	77.33	19.4	88.39
王 峰	软件16061	-	100	18.34	38	47	-	85	-	80	80	18.8	100	100	100	74.67	19.99	94.86
王	软件16061	-	98	18.83	21	32.5	-	78	74.67	18.75	62.5	-	-	-	77.33	19.45	83.03

图 5-38 学生成绩汇总

⑤实现课程的可重复性。我们设计的网络课程并不是一次性的，它应该是可以重复使用的，这时我们就需要 Moodle 中的"备份"和"恢复"功能让我们的课程得以保存下来，以便重复使用，让更多的人可以使用。备份，即把特定的课程选择为内容上传在平台上留一个副本，下次使用时可以直接下载下来，避免重复劳动。如果进行备份，就要在"管理"模块中选择备份功能，进入"备份"的界面后，单击要备份的内容，进行设置后确认即可。需要特别注意的是名称最好是由英文字母或数字组成。

如果要恢复课程，就要将备份好的课程包下载到本地的储存空间中，然后再将课程包上传。打开 Moodle 的"管理"模块，单击【恢复】，然后根据提示一步步地操作后就将课程进行了恢复。

在实际工作中，课程负责人设计课程框架，分解建设任务；各单元负责人在课程框架中设计教学活动，建设教学资源，建成共享网络课程；教师应用共享网络课程生成自己专属课程，并实施个性化的编辑和教学。

6 网络学习空间学习资源的建设与应用

优质数字学习资源建设与共享是当前教育信息化的关键环节，也是最薄弱的环节之一。有硬件无资源或有资源而不能充分使用资源，教育信息化的效果都难以体现。职业院校在推进数字资源建设与应用的过程中，要吸纳教育界内部和外部的各种优质数字资源，从资源建设趋势、资源类别、资源来源和资源建设要求四个方面对数字资源的建设进行设计。

随着教育需求的改变与技术的进步，数字学习资源的建设也在不断发展变化，呈现出新的发展趋势。

一是从"集中建设"向"群建共享"转变。传统的由资源提供商或教育机构集中批量生产的、结构封闭的数字学习资源，缺乏针对性，直接应用效果较差，无法改动。Web2.0理念和技术的快速发展和传播，促使由多机构、多用户协同参与编辑的"群建共享"模式成为资源建设的发展趋势。该模式能充分发挥集体智慧和力量，实现大量优质的、内容开放的数字教育资源的可持续生产、传播和共享。

二是从支持"以教为主"向"学教并重"转变。随着教育理念从重视教转向重视学，新课程改革倡导学生主动参与，注重培养学生搜集处理信息的能力、分析解决问题的能力以及合作与交流的能力。根据新课程改革的需要，资源内容的设计开发要从原来的"以教为主"转向"学教并重"，即不仅开发素材、课件类资源，更要开发支持自主探究、协作交流和研究性学习的有关资源。

三是从"预设性资源"向"生成性资源"转变。学习过程中生成性资源的积累与共享是当前数字资源建设的重要发展趋势。学习是动态发展的过程，预设性的资源仅起到传递信息的作用，而难以满足学生各种个性化的学习需求。学生在使用资源、参与活动过程中会产生各种生成性信息，如批注、评论、作业等，而这些生成性资源对于后续学生的学习和课程资源的改进具有重要作用。

6.1 学习资源建设的基本要求

6.1.1 基于 Moodle 平台建设生成性资源的可行性分析

网络生成性学习资源的设计最关键的是构建一种能使看似非结构化的资源逐步结构化的交互环境,使零散资源能够得到有效组织,同时通过人为的干预性指导来帮助学生高效地获取和利用资源,并不断创造新的智慧资源。这种交互环境的设计应当不仅仅关注知识技能的掌握,更要注重知识的共享与交流。Moodle 平台是基于建构理论的动态的学习管理系统,拥有搭建生成性资源的环境和空间,通过对资源内容、交互工具、学习活动、激励评价的设计,全面推动学习内容、教师及学生三者在网络教学过程中的互动。

Moodle 主要包括网站管理、课程管理、学习管理三大功能。教师在课程管理中可以灵活地添加教学过程所需的各种资源和活动,自主设计管理自己的课程,简单实用。Moodle 支持显示多种资源类型,文件上传简单方便,可以通过链接访问外部的网页。Moodle 提供诸如 Blog、Wiki、RSS、论坛和聊天室等交流互动工具,Blog 模块可以记录学生的心得,Wiki 可以发起一个话题供所有学生共同修改完善话题内容,RSS 资源定制可以向学生及时推送更新的信息资源,满足学生对知识的渴求,论坛和聊天室模块可以实现学生同步或者异步的交流互动。Moodle 提供了在线测验、提交作业、互动评价、活动报表等多种评价功能,实现了对学生的多元化评价和对学习的全面监控。在这个平台上,学生的学习感悟心得都被系统记录下来,很好地实现了隐性资源的显现化,再加上 Moodle 平台的低技术要求,可以使教师节省大量的时间和精力,从而全身心地设计开发优质课程,而不用过多地关注技术问题,因此利用 Moodle 平台来设计开发生成性学习资源是非常可行的。

6.1.2 基于 Moodle 平台生成性资源的设计原则

生成性资源具有动态和不可预测性,易于共享、传播和发展,稳定性较差,可控性较差等特点,设计时应遵循一定的原则。

(1) 教育性

生成性资源不是一种固定的资源,是在教学过程中非预设的情况下产生的。生成性资源隐藏于学生个体或群体之中,让学生自己去学习建构,教师面对再生资源,要学会判断生成性资源的价值和有效性。教师、学生都是教育的主体,当教师在教学设计上发现有价值的"生成点"时,要善于用敏锐的观察力去捕捉、整合、提炼并利用生成信息,使之延伸到全体学生。伴随着捕捉、分析、整合、利用、教育,教育价值得以真正体现。

(2) 开放性

当今这个开放的世界,网络是开放的,网络上的好多资源也是大家可以共享共建的。学生在网络上学习时,面对这丰富的网络资源,产生的体会和感悟都是独一无二的,也是可以被其他学生借鉴和利用的。在学习资源的设计上,教师要保持着一份开放的心态,针对课程特点与课程标准设计开发教学资源,并整合网络有效资源。资源建好后并不是固定不变的,教师和学生进一步拓展、添加、整理和更新,对资源本身进行进一步建设与完善,只有这样才能赋予生成性资源更大的价值。

（3）参与性

生成性资源不是直接拿来享用的，它的潜在性和动态性决定了需要学生主动去参与挖掘，只有不断地去参与交互，才能不断地有新的体会和认知，才能与别人的思想有深入的交流和碰撞，才能将一些潜隐的知识挖掘出来，添加到自己的认知结构中，为自己所用。因此，想要达到真正有效的生成性资源设计，必须以学生的主体参与为基本前提。学生亲自参与学习互动，可以大大激发他们的学习热情，实现生成性资源。此外，教师作为学生学习的引导者，要充分发挥学生的主观能动性，鼓励每个学生都大胆参与到讨论中来，营造自由开放的学习氛围。

（4）适用性

任何技术、工具、软件或者网络系统都有各自长处和短处，在教育中的应用就是要发挥每一种技术的长处，避其所短。同样，在丰富多彩的教学活动中，针对课程特点，教师要选择合适的技术和手段来支持教学，要避免对技术的滥用和不恰当的使用。教师在利用 Moodle 的两大主要功能，即添加资源和活动，为学习设计"过程"和"资源"时，不能单纯地为了用技术，而更多要考虑如何与自己的教学恰当地结合。

（5）交互性

在网络生成性学习中，更重要的是强调师生、生生间的同步或异步交互。教师充分利用各种信息化手段和常规方法，为学生的"生成"提供帮助、适时引导。教师要思考如何进行资源设计，如何安排学习活动，如何让学生有效互动参与，如何引导帮助学生"生成"。对于在学习过程中产生的大量生成性资源，教师要学会及时捕捉并有效处理。通过建立一种相互交融的互动方式，推动教学顺利进行，在师生合作和谐、共创共生中彼此真正获得知识生成。

6.1.3 基于 Moodle 平台生成性资源设计的策略

6.1.3.1 弹性设计教学方案

弹性设计是在充分考虑学生学习需要的基础上，前瞻性预设教学过程的发生、发展与变化，伸缩性地准备为生成性资源的开发和利用预留足够的时间和空间。这样做的目的是让教师和学生根据留白而填补空白，实现资源的再生和个性化。另外教学预设"空间"会激发学生的学习动力，提高他们的想象力和思维力。

（1）教学目标的弹性设计

学生存在个体差异性，因此在教学设计上，教学目标的弹性设计不仅考虑学生个体间的差异，还要关注期望目标与实际结果之间可能出现的差异。教学目标设计立足于实际，符合学生的认知水平，分层设定。依据发展区理论，设置让学生"跳一跳，够得着"的"弹性区间"教学目标，从而激发其跃动的热望，点燃其求知的激情。

（2）教学过程生成素材的弹性设计

教学过程的弹性设计采用模块化设计，将教学内容、教学活动和教学流程设计成若干可任意更改的模块。模块化设计的灵活度更高，教师可调控性强，对教材生成性素材的选择提出了较高要求。首先要求教师应充分地熟悉课程的教学内容、知识相互衔接关系、学生的学习现状、课程与其他相关学科之间的联系、教学内容和生活的联系，挖掘有可能激发学生兴趣的人物、事件、地点、过程、情境等；其次要求教师用一双善于发现的眼睛去关注每个学生的参与情况及他们自身对于学习所表现出的个性差异，通过巧妙的提问或者实物展示等方式引导学生进行深入思考学习，适时地引导"生成"，捕捉"生成"。例如教学内容的弹性设计可通过"必学"和"选学"来满足不同层次学生的学习巩固需求。

(3) 生成性学习资源的弹性编排

教师对生成性学习资源的编排应充分利用模块化的资源设计，注意实现知识、技能、情感之间的和谐过渡，由浅入深地联系起来，并且将学生感兴趣的内容贯穿于学习内容之间，时刻吸引学生的学习兴趣。生成性学习资源的编排应把握以下几个方面：

①多样化的资源呈现形式。为了对学生的视觉、听觉造成冲击，要运用多媒体技术，采用多种表现形式，激发学生的学习兴趣。

②创设学习情境。通过创设具有一定真实性和具体性的情境，引导学生学习，在情境中自动生成学习资源。

③设计丰富的学习活动。通过小组协作、任务驱动、问题教学、项目学习等多种学习活动来提高学生的主动性和积极性。

④信息反馈及激励措施。及时的反馈信息便于对进一步学习作出合理安排，适当奖励能刺激学生的学习热情。

6.1.3.2 相互交融的共生方式

生成性学习理论注重学习动机的培养和维持，动态生成学习环境的搭建，这样学生在与学习内容进行交互的时候，原有的认识和呈现的信息材料进行意义建构。因此，在网络生成性学习中，有效的师生、同伴间的交流能促进师生间的教学相长，互动中通过共识、共享、共进，最后实现共生。

(1) 注重学习观望者交互积极性的调动

雅思贝尔斯说："教育是一朵云推动另一朵云，一棵树摇动另一棵树，一个灵魂唤醒另一个灵魂。"教师不应只是空谈，而应以学生为中心点，着力激发学生强烈的动机，着力提高学生参与具体学习过程的积极性，着力指引学生对原有的认知结构和新信息融会贯通，形成新的"生成"。

例如可以在网络学习平台"讨论区"设置问题。在一般的教学中，教师就问题提问，较直观，这不利于培养学生的创新思维、分析与综合能力。应该将问题从各个角度、各个层次分解成若干小问题，使每个小问题既紧扣大问题，又有深一层的价值，学生通过对问题的思考，在回答中得到分析问题、综合问题的能力，引发学生的创新思维能力，锻炼学生的创新思维，这样，学生的思维就越来越灵活，能够生成新的创意。在其中嵌入部分有娱乐性质的模块，在一定程度上可以解决学习观望者交互积极性不高的问题，比如设置"聊天室""闯关游戏"模块。这不仅能够吸引发言不积极的学生登录平台进行学习、交流，还可以增强他们网络学习过程中的参与感、集体感和归属感。另外要增强那些登录平台次数较多、发帖积极的学生的作用，他们良好的带头作用可以激发学习观望者参与学习的欲望和热情，减轻其在网络学习中的孤独感，将他们引入热烈的讨论中，推动整个网络学习平台形成一个活泼、开放、和谐的学习氛围。

(2) 搭建"有问必答"的学习环境

当有的学生遇到学习困难时，他能够轻松地在学习平台上找到相应的"问题解决导航"。在网站中设置学生可能出现需要"援助"的学习模块，例如"资源支持""交流互动""合作探究"等。因为能及时在网络平台上找到解决问题的方法，所以降低了在网络学习过程中的挫败感,保障了学习动力。

(3) 利用信息技术实现资源再生

在信息技术的支持下,资源再生实现可以通过 Wiki、Blog、Tag 与 RSS、论坛等技术来实现。Wiki 技术让每一个学生都可以成为资源的创建者和管理者,Wiki 让每一个学生都是生成性资源的产生主体,发起一个话题供所有学生共同修改完善内容。Blog 模块可以记录学生的心得,所支持的交流更加自主化。定制 RSS 资源可以及时向学生推送更新的信息资源,满足学生对知识的渴求。论坛和聊天室模块可以实现学生交流互动。

6.1.3.3 注重多元评价

生成性学习作为一种开放式教学,评价方式应立足于学生的全面发展、个性特长的培养以及人格素养的建构。倡导多元性评价,全过程评价,将教师评价、学生自评和互评、学生与教师互动评价,以及把学校评价、社会评价和家长评价引入进来等。

(1) 评价要以学生为本

"多元"评价就要以不同的标准看待学生各个方面的发展变化,尊重学生个体间的差异,承认和保持学生个体的丰富性和多样性。网络生成性资源设计的根本目的在于创设一个有效促进"生成"的学习情境。这对教师在评价上提出了更高的要求,评价的内容不能单一地指向学生的学习,各个方面都要综合评价,因此倡导学生多视角看问题,鼓励学生创造性地发挥。

(2) 过程性学习评价,拓展生成性资源

学习评价应当贯穿于整个学习过程。在学生每个阶段的学习任务完成以后,教师可以组织学生自评或者互评,让学生清楚地知道自己对知识的理解和应用达到了什么样的水平,可以有针对性地进行知识的巩固和复习以调整学习进度。教师要适时对学生给予认可,让学生体会到一种成就感,并注重在过程性评价中生成性资源的积累和利用。

6.1.3.4 教学反思,利用生成性资源

生成性资源不仅取决于生成的主体,还取决于教师在处理生成性资源的敏锐性。教学反思是教师生成教学智慧和教学创新的源泉,是教师提升教育教学能力的重要途径。在教学反思中,成功之处可继续作为教学参考,不足之处提出改进措施。只有不断地反思进步,改进后的生成性学习资源才会越来越适合学生学习需求,促进师生共同成长。

6.1.4 生成性资源设计的模型

根据生成性资源设计的原则和策略,构建了基于 Moodle 平台的生成性资源设计的模型,如图 6-1 所示。

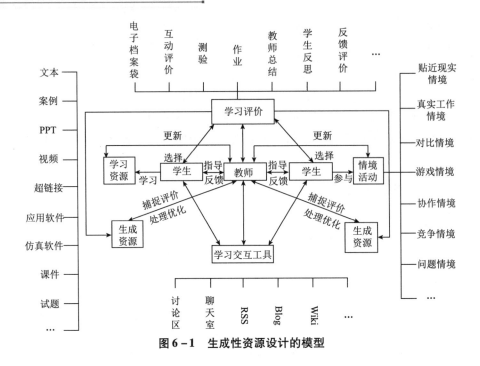

图 6-1 生成性资源设计的模型

6.2 学习资源设计的具体过程

6.2.1 资源内容的设计

6.2.1.1 预设资源内容的设计

预设与生成是辩证的对立统一体，课堂教学既需要预设，也需生成，预设与生成是课堂教学的两翼，缺一不可。预设体现对文本的尊重，生成体现对学生的尊重，预设体现教学的计划性和封闭性，生成体现教学的动态性和开放性，两者是相互依存的，具有互补性。如果没有高质量的预设，就不可能有非常精彩的生成；反之，如果不重视生成，那么预设必然是僵化而缺乏活力的。"预设"使我们的课堂教学有章可循，"生成"使我们的课堂精彩纷呈。处理好二者的关系，必须在继承传统预设课堂的良好基础上，积极引入并探索动态生成的有效方法和途径，做到预设与生成有机融合、相互促进。预设资源生成应从以下几个方面入手：

（1）构建课程知识结构体系

要依据课程的地位与作用，吃透教材，厘清课程教学目标。通过分析学生对这门课的原有认知，设计出螺旋上升的课程知识结构和知识脉络。围绕着课前、课中、课后教学和学习课程设计资源内容。课前准备教师可通过创建课程，在所创建的课程中发布课程公告、设计教学大纲、教学进度、教学课件、课堂练习、课程相关资料，还可以添加教学活动，例如测验、投票、讨论、聊天室、Wiki 制作，通过添加教学活动，提高学生的学习积极性，最终提高教学效果。教师通过活动，采集生成有效信息作为数据统计、数据分析、成果与作品收集等。课堂上教师可以对教学素材进行学习和讨论，可以根据教学内容进行本次课程的测验。设计时，我们可以抛开书上过时的范例，选择当下一些典型案例、热门话题或学生感兴趣的话题进行与时俱进的讲授，并及时记录学生参加教学活动的生成性资源。课后教师设计主题创建聊天室或者讨论区,学生根据所创建的主题进行在线交流。教师可以对本次课的内容进行作业布置,或者安排测验,从作业和测验的成绩可以反馈出学生的学习情况。教师可查询学生的每一次作业、测验的成绩,也可以查询学期末课程的总分(该总分由系统根据平时作业自动生成)等,生成信息便于教师完成教学反思,有利于提高教学质量。

(2) 合理地调整或整合教材

按章节编写的教材,在目录编写时基本是按承前启后的逻辑关系。为了不受教材的局限,我们可以不拘泥于教材的安排,做一些合理的调整与整合,使其更符合学生的发展需要。例如可采用任务或项目来实施,为了完成任务和项目,可能涉及教材很多章节的知识点。在"电机与电力拖动技术"课程中,为了完成控制电路的安装任务,就需要认识相关组成元件、具备识读知识、会用电工工具、会使用测量仪表等,这不仅涉及本课程的知识内容,还涉及相关学科的知识。"听了,忘记了;看了,记住了;做了,理解了。"想必这句话充分说明实践教学对学生理解和掌握知识的重要性。实践课的挑战性不在于教师教得如何,而在于学生怎样发挥他们所具有的知识和技能,而这一切需要老师的精心设计和在操作过程中的不断反思。

(3) 生活实例课程资源

教科书难以及时体现学科的新进展和各学科知识间的联系,教师应结合课程目标,对教学内容进行有益的补充、拓展、整合。课程的内容应与社会和生活整合,比如学到照明电路的安装,可以让学生结合自己家里的照明电路学习,在掌握知识和能力的同时,也让自己成为一名生活电工。

6.2.1.2 生成性资源的编排和呈现方式

生成性学习资源的编排应该灵活、生动,学习内容由浅入深、有机联系,并且按学生认知规律,将生动有趣的话题贯穿于学习内容之间,吸引、促进学生对学习知识融会贯通。

(1) 资源的表现形式要丰富多样

利用多媒体技术,通过丰富的表现形式,对学生进行多种感官的刺激,提高学习效率,例如资源中的PPT、课件、图片图像、音视频、仿真软件资料等。资源内容的外显形式应符合知识本身的特点和学生的认知特点,根据知识点要求呈现不同的形式。概念性、理论性的知识可采用纯文本的呈现方式;比较综合的学习内容最好采取文本、声音、视频等多种资源相结合呈现的方式;实践动手的内容可采用仿真软件操作。Moodle支持任意的电子文档、PPT、Flash动画、视频和声音等,可以借助"课程文件管理"功能,将学习资源上传和保存。页面设计要合理,整体风格要协调,不能太明快也不能太阴暗,应保证学生面对这个网页时心情平静、轻松、愉快。

(2) 优化生成性学习资源的操作使用

面对网状的学习资源链接,学生有时感觉无从下手,太多的链接反而会把学生带到课程学习之外,分散了学生的注意力,因此在设计生成性学习资源的界面时要简单清晰,导航的设置要层次清、目标明确。初次接触者可能不知道怎么操作Moodle这种开放性的平台,可以在显眼的位置嵌入一个平台使用指南,用动画的方式告诉学生如何注册使用,这样学生会节省熟悉平台的时间,而把更多的精力放到与学习资源的交互学习中来。

6.2.2 学习交互工具的设计

Moodle体现了先进的教育理念,它在社会建构主义学习理论基础之上,支持多样化的教与学的方式。它包括目前在教育中应用比较广泛的社会软件，如 Blog、Wiki、BBS、Tag 和 RSS。对生成性学习资源交互工具的设计主要包括对以上学习交互活动的设计以及教师和学生人为的干预等，这给教学带来了很大的互动，学生能够便捷地借助于各种学习交互工具与资源内容进行充分交互，在交互的过程中生成了生产性学习资源，在此过程中不断产生一些动态更新的零散生成性资源，同时通过人为的指导、帮助和捕捉，使得学生能更高效地获取和利用这些资源，并不断创造新的智慧资源。

6.2.2.1　以 Blog 为知识管理平台产生生成性资源

（1）Blog 技术支持资源再生

隐性知识的外化就是隐性知识转化为显性知识的过程。著名的日本知识管理专家野中郁次郎提出了"群化"的概念：即隐性知识间相互转化、外化（隐性知识转化为显性知识）、融合（显性知识转化为显性知识）和内化（显性知识转化为隐性知识）的四个显性知识和隐性知识相互转换的过程。

Blog 能够真实、深入地反映教师和学生的思考和教育研究的全过程。通过每天的资料整理与书写，实现在线"共享"功能，学生与 Blog 上的参与者组成一个学习共同体，在分享和交流中不断产生新的资源。如图 6-2 所示。

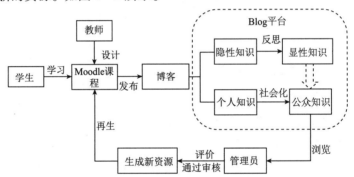

图 6-2　Blog 实现资源再生的流程

教师和学生的实践性知识与学生的个人实践和反思有关，是不能直接获得和学习的，拥有者本人也可能很难清楚地表述出来，属于隐性知识的范畴。例如教师教学生 PPT 设计，教师通过分析比较不同的 PPT 作品来教学生如何安排布局 PPT，指导学生设计出漂亮的页面。对于教师而言，归纳出优秀的教学方法实现共享是实现隐性知识显性化的体现。因此，教师通过 Blog 日志对教学方法的描述就可以体现隐性知识的外化。另外，教师利用 Moodle 中的各种模块化管理，从利用资源模块的课程设计，到利用各种与学生交流模块的课堂互动设计，实际上可以体现一种教学设计的思想，把自己的隐性知识多途径外化成显性知识。此外，Blog 可以支持有效的交流，Blog 中都是兴趣相同的学生，在交流的过程中他们的意见"以一种相互交融的方式相聚"，从而彼此达成共识、共享、共进，最后实现共生。

（2）Blog 与 Moodle 的结合促进教育教学

Blog 的出现使得人们重新审视关于教育信息化的许多原有认识，而其最大的教育意义在于将互联网从过去的通信功能、资料功能、交流功能等进一步强化，更加个性化、开放化、实时化、全球化，把信息共享发展到资源共享、思想共享、生命历程共享。

以 Blog 抒发 Moodle 课程设计感想，即在 Moodle 中直接嵌入 Blog 的功能，这样我们可以直接在首页上添加 Blog 分类。在这里，我们既可以添加个人的 Blog，用来反思自己课程中遇到的问题，也可以设置一个共同的 Blog，供所有的教师和学生在上面进行探讨和交流。如"安装自动往返控制电路的教法讨论"就可以作为一个教学反思平台，所有的教师都可以在上面交流讨论。在平台上也可以添加"学习心得体会"作为一个学生的反思平台，学生在学习过程中有什么体会感悟都可以在里面抒发出来，供别的学生参考。Moodle 与 Blog 的结合为师生提供了一个交流互动的空间，他们在彼此的交流与沟通中实现知识的再生发展。

6.2.2.2 利用 Wiki 技术实现从共享到共建促进资源再生

(1) 结合 Wiki 技术支持资源再生

Wiki 系统是围绕着面向社群的协作式的写作而开发的，任何人都可以对 Wiki 的网页做创建、修改和发布。使用者可以在 Web 的基础上对 Wiki 文本进行浏览、创建、更改，而且创建、更改、发布的代价远比 HTML 文本要小。Wiki 中每个成员都可以根据页面主题，对页面进行修改、维护。这首先保证了 Wiki 的成员根据各自的经验对知识进行建构；其次，它可以使知识在成员之间得到共享，保证了知识的全面性。要实现以上功能，就要求每个成员具有较强的合作精神，Wiki 的知识是社群集体劳动的成果。Wiki 实现资源再生的具体途径如图 6-3 所示。

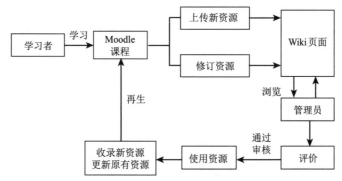

图 6-3 利用 Wiki 技术实现资源再生

Moodle 与 Wiki 的结合为学生提供了一个集体创作平台，真正体现同伴互助（Peer Coaching）的思想。这种互助互帮体现在教师与教师之间、学生与学生之间以及教师与学生之间，每个学生都允许参与到资源的设计建设中来，每个人都是创造者。Wiki 技术充分体现了资源共建共享共生的理念，不仅推动了再生资源的创造速度，而且也使课程内容变得非常丰富，这对促进学生与资源之间的交互起到了推波助澜的作用。

(2) Moodle 与 Wiki 结合在教学中的应用

在 Moodle 平台中可利用 Wiki 的功能来完成集体制定教案的过程，拥有账号的任何教师都可以来修改教案，将自己的新思想随时添加到教案中（这是一种即时的、公平的集体备课环境，真实地记录了整个创作和交流的过程，体现了教师的集体智慧）。如图 6-4 所示。

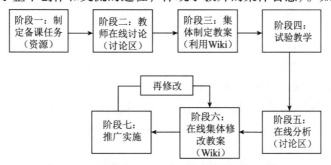

图 6-4 利用 Moodle 平台教师集体备课流程图

以教研室为单位在 Moodle 中开设一门课程，搭建教师集体备课的环境，该课程教师可共同建设，分如下阶段进行：阶段一，组长在 Moodle 中制定备课任务，教师浏览备课任务；阶段二，所有教师通过讨论区进行讨论，对教案的设计达成共识；阶段三，在 Moodle 平台中利用 Wiki 的功能来完成集体制定教案的过程，在进行试验教学前，任何教师都可以修改教案，将自己的新思想随时添加到教案中；阶段四，使用全体教师最终制定的教学方案进行试验教学；阶段五，试验教学后，教师和专家可以对上课效果进行评价，提出修改意见，还可通过在线问卷调查的方式了解学生的感受和想法；阶段六，根据反馈对教案再修改。整个制定、修改、评价的过程在 Moodle 平台中得以完成。新手教师更是可以通过这种备课方式跟经验丰富的教师好好学习，这种互动互助的学习方式不仅拉近了新老教师间的距离，更使彼此的专业沟通和合作更加方便快捷，大量的生成性资源得以有效组织和利用。

Wiki 是一种任何学习者都可参与修改的技术形态，每个学习者都可以自己去创建 Wiki，然后把自己感兴趣的话题或不明白的问题发布在 Wiki 上与他人共同探讨，真正体现共建共生的思想。

（3）Wiki 在课堂上的应用

Wiki 在基础课语文、英语写作方面应用很方便，在专业课中也可以应用于专业项目报告、专业任务实施方案的撰写。以专业实训任务报告撰写为例，利用 Wiki 修改实训任务报告流程，学生参与专业课实训任务方案实施管理。在每学期开学初，教师将自己开设的课程的实训课题和相关的介绍张贴在网站上，学生可以根据兴趣在平台上选择实训子任务。在实训过程中，学生可以通过 Wiki 随时更新自己的实训思路和实训结果，小组同学可以对实训任务内容进行修订、更新，最终形成项目实施方案，或者项目实训任务报告、小论文。如图 6-5 所示。

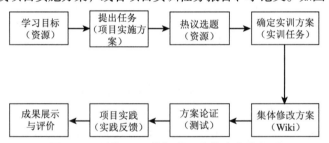

图 6-5　利用 Wiki 修订项目实施方案流程图

学生在教师的指导下确定实训的课题，与教师和小组成员一起进行专业实训方案研究，最终获得研究结论，这种学习模式可以辅助学科教学与实验实训，能够引导学生对所学知识进行更深入的研究，引导学生将理论知识与实践联系起来，有助于培养学生的科学精神与科研能力，是适合当代学生学习要求的学习模式。基于 Wiki 的课堂教学模式，包括实训任务选定、确定实训方案、实训方案论证、成果展示与评价 4 个部分。

①实训任务选定。教师在学习平台提供一个实训任务资源库，该实训主题资源库是在教师的指导与参与下，将学科领域的知识框架进行设定，分类设计相关实训任务。学生也可以根据学科的发展与当前的理论前沿，将个人感兴趣的理论热点、实践热点添加到任务资源库。教师可以根据教学的内容与进程，结合学生的研究兴趣，共同讨论商定研究实训方案，这可以通过平台的讨论区来实现。教师与学生自由、平等地对选题进行讨论、争辩、辩论，最后由学生和教师共同确定研究实训方案。

研究实训内容相同的学生可以组成一个实训小组。在这里，教师不仅是实训资源的规划者，同时也是学生研究的领路人，帮助学生收集有价值的资料，对学生的疑问进行解答，与学生共同开展研究。

②确定实训方案。这一阶段是在确立实训方案主题之后，对研究方法、方案进行分析与

制定，包括研究方法的确定、研究步骤的细化以及小组成员的分工协作等，是整个研究过程流程与方案的制定。同样，该阶段也是在教师的指导下完成的。研究小组通过 Wiki 开设一个"实训方案动态区"，以便小组成员及时地交流与沟通协调，并将整个研究过程共同记录下来，完成研究报告。

③实训方案论证。根据上阶段制定的实训方案，开始实施项目实训方案的实践研究。要围绕实训方案，调动整个团队的学习积极性，包括教师在内的成员广泛参与每一个环节，共同查找资料，共同将阶段性成果添加到学习资源库中，以便与其他小组成员共享，共同克服困难，解决问题。积极献计献策，不提倡按人员、按进度进行分工，这样做的结果是不能体现集体的智慧，不能从整体把握研究问题，不能得出有创造性的成果。在研究论证中，要边实验边总结，理论要与实践紧密结合，还要拓展思路，积极向学者、专家求教。Wiki 是一个开放的系统，很能吸引"志同道合"之士加入研究，有利于研究的深入与拓展。

④成果展示与评价。经过实训方案团队的共同研究探讨，最后得出较成熟的结论，需要将方案研究成果进行展示。展示的内容可以是实训报告，也可以是实训资源，或是介绍成果的电子演示文稿，都可以链接到平台的成果展示区，以便其他小组之间进行交流学习与共享知识。教师也可以组织一些企业专家、学者和学生对研究成果进行评价。学生在教师的指导下，完成从实训方案主题讨论、确定实训方案、研究论证及对形成结论进行评价的整个研究过程，教师作为研究伙伴共同参与研究活动。系统会自动记录参与者的贡献情况和学习过程，通过学生参与讨论与信息更新的记录呈现。教师可以根据这些记录对学生的学习过程、研究性学习情况作出客观的评价，同时学生也可以进行横向的交流与比较，借鉴他人的方法，逐步提高自身的实践能力。

6.2.2.3　利用 RSS 技术实现从信息定制服务支持资源再生

RSS 是一种描述和同步网站内容的格式，搭建了一个信息迅速传播的技术平台，使得每个人都成为潜在的信息提供者。随着网络资源建设共享、共建、再生机制的逐步完善，可以预见生成性资源将日渐增加，更人性化的资源组织与呈现方式也迫切需要来减轻学习者学习的压力，增加学习自由性。RSS 技术可以搜集和组织学习者定制的信息，将更新后的资源按照一定格式主动推送至用户端，这样学习者就可以在没登录课程网站的时候也能及时地获取相关信息资源。RSS 技术与网络课程的整合属于网站资源更新服务的创新服务体系，在 Moodle 中添加 RSS 技术不仅可以帮助学习者获得相关定制内容信息的及时推送服务，同时学习者使用课程资源的自由度也大大增强，课程学习过程中对新鲜教学资源的需求得以满足，与教学过程相匹配的资源得以重建。在 Moodle 中利用 RSS 技术支持资源的再生，其实现途径如图 6-6 所示。

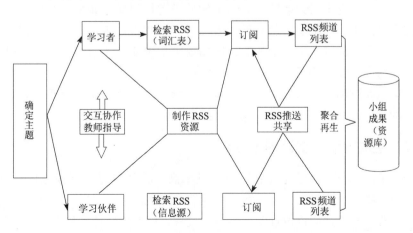

图 6-6　RSS 实现协作学习资源再生

6.2.2.4 BBS 论坛资源

随着时代的飞速发展，BBS 可以用于在网络上交流，可以发表一个主题，让大家一起来探讨，也可以提出一个问题，大家一起来解决等，是一个人与人语言文化共享的平台，具有实时性、互动性。Moodle 中的论坛模块有聊天模块和讨论区。

Moodle 中的讨论区具有一般 BBS 的功能，将讨论区整合到 Moodle 中有以下优势：其一，可以使用 Moodle 的管理功能对学生参与讨论的情况进行记录，包括学生什么时候参与讨论，什么时候只是浏览他人讨论，是不是有的学生根本没有来讨论等。同时，教师可以分析学生讨论帖子的数量和质量以及帖子之间的相互关联性等，从而对学生的讨论情况作出一个较为客观的评价。其二，Moodle 中的讨论区可以通过"树形结构"显示，很清楚地显示发帖者回的是哪个帖，从而对该话题讨论的深度进行分析。教师可以通过查看学生的聊天记录找到资源生成性信息，及时进行捕捉利用。讨论区作为 Moodle 平台中的重点交流板块，可设置公共资源共享区、疑难解答区、公共讨论区、分组讨论区、作业展示区等，如表 6-1 所示。

表 6-1 Moodle 中讨论区类型及作用

讨论区类型	讨论区作用
公共资源共享区	面向全体学生，可以上传搜集到的资源或下载所需要的资源，实现资源的交流
疑难解答区	面向全体学生，将遇到的疑难问题在线提交，教师或学生予以讨论解答，教师可以将常用的问题及解答在专区以网页形式公布，并定期更新
公共讨论区	面向全体学生，学生将组内难以解决的问题发布，各小组学生在公共讨论区进行头脑风暴，共同协商解决问题
分组讨论区	每个小组对应一个讨论区，用于各组成员间的内部交流，小组成员间可以交流小组任务的进度情况，上传搜集的资源或作品，并可讨论疑难问题
作业展示区	面向全体学生，学生可以上传自己的作品，全体学生则可共享及评价学生的作品

讨论区的话题来源可以结合本专业的发展和授课内容初步提出，也可以充分发挥学生的智慧而产生。教师需要提出讨论话题，对学生的帖子进行引导。如果学生的帖子与主题偏离太远，教师需要将其引导回来。不同的学生参与讨论的积极性也不一样，如果必要的话，教师可以采用一些手段来促进学生的参与性，例如规定至少要发几条帖子才可以计入期末成绩等。另外论坛中每个专题讨论区最好有教师指定的学生来维护，及时发起学习帖子，并清理垃圾信息，教师也要主动参与引导学生进行深入讨论。此外教师还应注意监控论坛的发言情况并制定一定的奖惩办法，及时奖励表现积极的学生而惩罚违纪的学生。

6.2.2.5 生成性学习资源的干预策略

生成性资源来源广泛，且动态性强，更新频率高，教师这时应干预生成性资源的形成，对资源的产生进行指导、监督、重视、帮助、反馈和评估。

网络教学过程中，教师应该设计学生学习的过程，以便更好地管理下列生成学习资源。

①讨论应集中于某些主题。学生在自主学习过程中容易迷失方向，因此适当的人为干预

是很有必要的，此时教师和学习伙伴的作用就凸显出来。这对教师提出了更高的要求：讨论要围绕一定的主题展开，不能放任学生漫无目的讨论。

②做一个勤劳的观察者，针对学生发帖情况给予及时的反馈与解答。

③组织提倡学生在 Blog 间进行链接与交流，促进学生的积极性和知识的共享。

④将主动权交还给学生，多多交给学生学习任务，让他们自己去用相关工具搜索相关的资源，在完成学习任务过程中学会发现资源，学会自觉利用资源。

⑤随着生成性学习资源的不断更新，教师要进行及时的资源分类、删除、推荐等。

此外学习伙伴也是重要的人力资源，是学习氛围的营造者和集体归属感的创造者。学习伙伴之间要相互推荐分享好的学习资源，这对于排解自主学习过程中的困难和孤独感、激发学习动机和维持学习热情都有着良好的促进作用。

6.2.3 学习活动的设计

6.2.3.1 活动任务的设计

活动任务是对学习目标、学习内容、学习环境、学习方法和策略的描述。学习活动中的问题和研究性学习活动中的研究主题等都是典型的活动任务。活动任务主要从 3 个方面进行设计：设计任务情境、建议学习过程和设计任务成果。

（1）设计任务情境

创设情境能在教学活动中推动学生以更积极的态度投入学习。在多样化的情境中，学生更有可能抽象概念的相关特征，发展更加弹性的知识表征。因此，创设科学合理的情境，有利于引起学生探究知识的欲望，激发学生去积极思维，从而促进学生掌握知识、培养能力、健全个性。学习情境的类型可以是多样的，例如任务情境、故事情境、问题情境、真实情境、虚拟情境，等等。当然不同类型的情境在创设时采取的方法也是不一样的，如故事诱导、背景概述、创设真实环境等。有利于生成性资源产生的任务环节应该是开放性的，即问题能让学生作出多种解释和回答，引发学生自己产生创意的问题；同时问题也应当是递进式的、有层次的、有节奏的、前后呼应的、相互衔接的和逐步深化的。

（2）建议学习过程

在网络环境下的学习中，学生的主体地位决定了他们必须十分了解学习过程，否则，将会对学习的目的产生迷茫，好的学习效果也就不可能达到。因此在学习过程的设计中，教师为了做到既保护学生的自主学习热情，又培养他们的自主学习能力，应该将解决问题的策略与方法通过"建议"传递给学生。在 Moodle 平台中建议学习过程常用的方式是普通的文字叙述，也可以通过图表等形式来表述。在这里要注意的是将建议过程以十分醒目的方式展示给学生，使学生能够清晰地了解学习活动的任务。

（3）设计任务成果

根据活动任务设计原则可知，活动任务的成果要易于提交。在 Moodle 平台中主要设计如下两种任务成果：

①小组协作作品。在 Wiki 工具中，小组成员根据活动任务的设计，分别承担一部分子任务，共享教学资源，如讲义、论文、电子教材、图片素材等，通过完成各自的子任务，每个人都可以不断完善已成形的产品，最终形成完美的作品，在此过程中不断形成生成性资源。

②个人作品。这类作品主要由个人完成,它可以分为心得报告、作业、个人博客等。

6.2.3.2 选择活动形式

(1) Moodle 平台中的学习活动形式

通过对 Moodle 平台的分析,其常用的学习活动形式有阅读、反思、讨论交流、分工协作、案例分析、问题解决、头脑风暴、拓展性阅读和在线测试等。

(2) 选择活动形式

不同的知识类型要达到不同的教学目标,所对应的活动形式是不一样的,教师在学习活动的设计过程中,可以根据不同的知识类型要达到的教学目标选择合适的学习活动形式。

6.2.3.3 学习环境的设计

从学习活动设计的角度看,学习环境是学习资源和学习工具的组合,这种组合实际上是实现某种目标的有机整合。学习环境的设计主要表现为学习资源和学习工具的整合活动,由于学习环境对学习活动起一种支撑作用,学习环境的设计必须在学习活动的基础上进行。

6.2.3.4 学习评价的设计

评价在教学过程中起着非常重要的作用,它是教学质量管理的核心,是自主学习的动力支持。从教师的角度看,评价能够使他们更清楚地了解学生的学习效果;从学生角度看,评价能使他们了解自己的学习情况。因此,在活动设计过程中,评价是一个非常关键的环节。Moodle 平台中提供了一些关注过程的评价工具,例如电子档案袋、讨论区中的评分机制、作业、测验等。

在 Moodle 中可以设计多种评价方式,用以评价不同活动任务的学习。例如形成性评价和总结性评价相结合的评价方式,电子学习档案评价方式,以及自我评价、同伴互评和教师评价相结合的评价方式。

(1) 形成性评价和总结性评价相结合的评价方式

在 Moodle 中设计形成性评价和总结性相结合的评价方式,一般是将课程任务活动作业、平台平时的参与度和期末考试按比例系数组合得到最终的成绩。这将使学生在积极参与到课程活动与完成作业的过程中,充分享受到学习的快乐,而不是只为追求期末的考分而忽视了学习的过程。

(2) 电子学习档案评价方式

Moodle 平台对学生的学习过程具有追踪记录的功能,学生在 Moodle 平台上的一切活动都会被系统详细地记录下来,例如具体的学习活动和学习时间、学生登录次数、讨论交流的帖子数等。这些学习过程的记录可以称作一个电子学习档案,是评价学生学习的一种新型方式。显然,这可以弥补传统学习过程无记忆性的缺陷,及时对学生的学习过程和学习活动进行评价。

(3) 自我评价、同伴评价和教师评价相结合的评价方式

在 Moodle 平台中,有一项特殊的评价工具,即互动评价。在互动评价中可以实施自我评价、小组评价和教师评价三种评价相结合的评价方式。学生将所设计的作品上传至平台,上传前可根据设计的量表自行评价;小组中的每个学生替其他学习伙伴的作业做评分,并给予评价;教师给每一学生作业打分数并观察评论状况;系统将综合评分与评语告知学生;学生依据评语来修改自己的作业;重复前面几步;评价完成,得到最终评价。

6.3 基于网络学习空间的学习资源的开发案例
——以电气专业"电机与拖动技术"课程为例

6.3.1 生成性资源设计分析

6.3.1.1 资源目标分析

课程教学目标包括三个层次的具体目标：知识与技能、过程与方法、情感态度与价值观。这三个目标是相互关联的整体。以电气专业"电机与拖动技术"课程为例，基于 Moodle 平台设计和开发生成性学习资源，使学生在 Moodle 平台完成提供的各种教学实践学习活动。学生将在教师的指引下，通过各种灵活的学习活动，达到三维目标，下面以实施的任务说明。

任务一：控制对象——三相异步电动机的工作原理。

知识与技能目标：理解三相异步电动机转动原理，掌握旋转磁场产生的原理，会分析三相异步电动机工作原理。

过程与方法目标：借助实物投影、多媒体课件进行演示，介绍三相异步电动机的工作原理，通过实验观察电动机运行现象，探究调整电动机转向的方法。

情感态度价值观目标：培养学生观察、分析问题、归纳总结的能力，以及学生团队协作能力和语言交流、表达能力。

任务二：控制元件——熔断器。

知识与技能目标：掌握低压熔断器的种类、结构、用途，了解低压熔断器的型号、规格、符号，会使用低压熔断器。

过程与方法目标：结合实物、图片，进行理论知识介绍，通过拆装训练探索结构与功能、安装方法。

情感态度价值观目标：培养学生学习的积极性、主动性，全身心地投入课堂教学的双边活动中，能够专心听讲，集中精力，培养学生团队协作能力和语言交流、表达能力。

任务三：三相异步电动机自动往返控制电路设计。

知识与技能目标：掌握三相异步电动机自动往返控制电路及工作原理，学会三相异步电动机自动往返控制电路安装与调试。

过程与方法目标：通过设计电路、软件模拟、安装电路，探究三相异步电动机自动往返控制电路。

情感态度价值观目标：培养学生勇于探索、实事求是的态度，严谨细致、一丝不苟的精神，互帮互学、团结协作的品德。

6.3.1.2 资源内容分析

资源内容的设计要促成课堂教学目标实现，符合学生的认知规律，能贴近现实需求和社会问题的活动情境，激发学生的学习动机，引起学生的共鸣。资源内容的呈现上要结合学生这个年龄层次的个性特点和发展需求。在选择教学内容时，应该以学生为中心，从学生的实际需求出发，精心选择组织教学内容，通过灵活多变的方式来呈现，更好地刺激学生的感官。

本生成课程实例以泰山出版社的初中信息技术教材为参考，分为四个主题，分别是：控制对象——电机介绍；控制元件——低压电器；控制电路；工程应用实例。

6.3.1.3 学习者分析

Moodle 平台的生成性资源的学习者是职业院校的学生，普遍在 16～21 岁，学习积极性并不是太高，没有明确的学习目标，缺乏自觉学习的习惯、信心、耐力和能力，但他们的可塑性很强。对于这些学生存在的问题，教师必须指导他们明确学习方向，教会他们自学的方法和手段，鼓励他们发扬刻苦耐劳的精神。爱因斯坦有句名言："兴趣是最好的老师。"采用有效的奖励和评价措施的刺激，可激发学生学习的积极主动性，同时有针对性地启发诱导学生的学习兴趣，创造良好的学习环境，培养学生自觉学习的习惯和能力，不断提高他们的学习积极性和自信心，让他们看到自身的希望和努力的方向，从而全面提高学生的综合素质。

6.3.2 相关功能模块的实现

6.3.2.1 资源内容模块的实现

作为网络时代的教师，要认真设计好学生进入信息化学习的"学习准备期"，它既是一个学生的准备期，同时也是一个教师的准备期。

（1）课程学习准备

课程学习准备的主要任务是使学生在学习这门课之前对课程的整体情况有个基本的了解。教师开发的网络课程应重视课程学习准备的设计，强调对学生进行课程学习的预备活动。这些准备包括课程的整体介绍、课程大纲、教学进度安排、学习路线图、学习方法的介绍和训练、课程的评价方式、反馈问题的途径、指导教师或教师团队的基本情况介绍，甚至还有如果学生作弊将会受到的严厉处罚的规定等。如图 6-7 所示。

图 6-7 电机拖动生成性课程首页

（2）在线学习准备

目前国内 Moodle 的使用才刚刚开始，学生大都不太熟悉这一新的学习环境。因此，在开始正式学习之前，应该留出一段时间让学生慢慢适应 Moodle 环境下的学习。Moodle 环境下的在线学习准备应包括以下几个方面。

①了解学生特征。每个学生都是带着自己的特点进入学习的，并且彼此之间也存在着生理和心理上的差异。因此，学习准备期一个很重要的任务是深入了解学生的学习状态和学习需求等，为今后的教学打好坚实基础。Moodle 环境下可以运用 Moodle 的投票或调查功能来对学生的特征进行前测。

②在线学习技能的提升。Moodle 课程要求相当的自我约束和主动性，必须形成一个学习计划并持之以恒，简单方便地获得计算机和互联网连接，掌握计算机的基本操作。

③熟悉 Moodle 环境。在线学习准备的另一个重要任务是让学生初步了解 Moodle 学习环境，并初步建立规范。将 Moodle 引入课堂教学的重要一步就是学生首先要适应从传统课堂到在线环境的过渡。教师要采取适当的措施，帮助学生顺利完成这一过渡过程，为以后的教学打下基础；要清楚地告诉学生碰到了问题，有哪些寻求帮助的途径。此外，对于初次使用 Moodle 平台的学生，还应该帮助他们初步地了解 Moodle 的基本操作方法。在 Moodle 平台提供了平台操作视频演示，旨在对学生进行简单培训，方便在平台上能顺利进行自主学习。如图 6-8 所示。

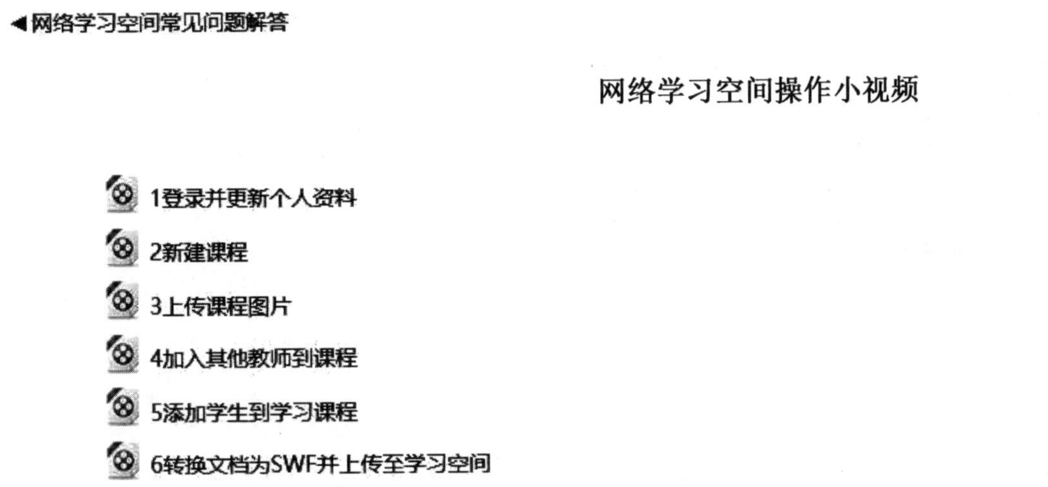

◆ 网络学习空间常见问题解答

网络学习空间操作小视频

1 登录并更新个人资料
2 新建课程
3 上传课程图片
4 加入其他教师到课程
5 添加学生到学习课程
6 转换文档为 SWF 并上传至学习空间

图 6-8　网络学习空间操作视频帮助页面

6.3.2.2　交互支持模块的实现

（1）Blog 模块

Moodle 和 Blog 的结合，给教师和学生提供了一个交流的平台，不同地区、不同学科、不同年龄的教师和学生在 Blog 平台上的交流与分享，会促进教师自我反省意识和能力的提升，同时学生也可以通过浏览教师的博客学到自己需要的知识。Blog 就是树状结构生态发展的学习路径，从这些树状结构的学习路径中教师会发现周围存在着非常丰富的思想资源及其物化资源，就会致力于终身学习、自我完善、可持续发展。如图 6-9 所示。

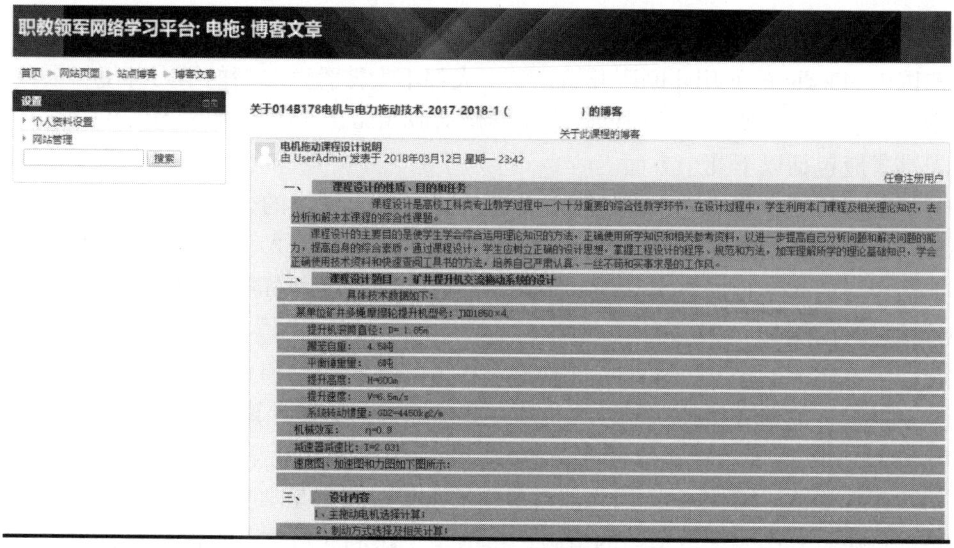

图 6-9　Blog 模块的实现

（2）Wiki 模块

Wiki 是一种多人协作式写作超文本系统，提供基于 Web 形式的超链接，用于社群内协作创作，所有社群成员都可以对创作内容进行浏览、更改、创建等操作，并对修改过的页面进行保存。一般是以小组为单位开展协作学习活动，因此，教师首先要对班级学生进行分组，也就是在 Moodle 平台中创建分组，实现小组的创建、编辑和删除功能，再通过添加、删除选项实现组员的添加和删除。在完成小组创建和组员添加工作之后，才能使用 Wiki 创建界面提供的分隔小组和可视小组模式，完成 Wiki 协作学习任务。Moodle 平台中 Wiki 协作学习活动的设计不仅要求学生掌握课程知识，更重要的是培养学生协作学习、交流沟通和解决问题的能力，生成的优秀作品可作为优质资源再生。如图 6-10 所示。

图 6-10　交互支持模块中 Wiki 模块的实现

（3）资源订阅 RSS 模块

在 Moodle 中，通过 RSS 来共享内容，将一个个网站看作一系列频道的组合，频道包含若干资源节点，可以从支持 RSS 输出的站点获取 RSS 文件或者频道列表，使用阅读器显示 RSS 频道相关内容或者更新频道内容，可以帮助学生获得相关定制内容信息的及时推送服务。同时学生使用课程资源的自由度也大大增强，课程学习过程中对新鲜教学资源的需求得以满足，与教学过程相匹配的资源得以重建。当数据量远远超过用户逐一浏览信息的能力范围时，平台中的搜索引擎就成为用户精确检索信息的主要工具。

（4）论坛模块

Moodle 作为一个免费开源的学习管理系统和课程管理系统，整合了诸多资源和活动模块，讨论区便是其中的一个活动模块。论坛为学生营造了一个自由发表意见的场所，并且可以使用 Moodle 的管理功能对学生参与讨论的情况进行记录，包括学生什么时候参与讨论，什么时候只是浏览他人讨论，是不是有的学生根本没有来讨论，等等。同时，教师可以分析学生讨论帖子的数量和质量，以及帖子之间的相互关联性等，从而对学生的讨论情况作出一个较为客观的评价。如图 6-11 和图 6-12 所示。

《电机拖动》教学讨论区

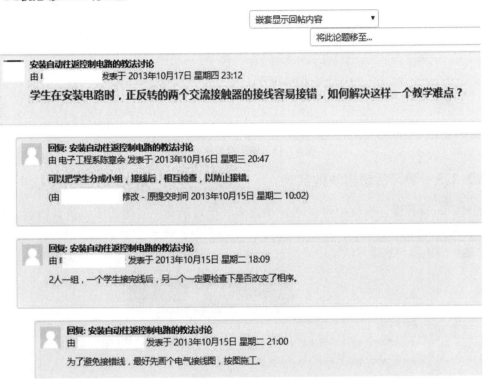

图 6-11　通过讨论区教师团队讨论教法

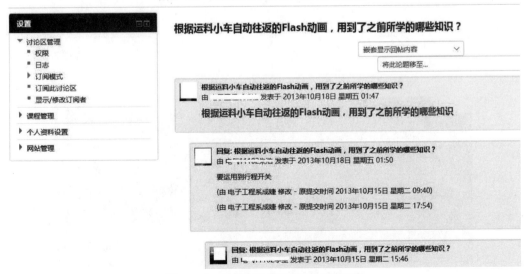

图 6-12　论坛模块师生交互式的实现

（5）聊天模块

Moodle 的聊天室用于课内外的交流与互动。这个模块体现了建构主义的教学理念，教师和学生以及学生之间的课间互动可以很好地通过这个模块实现。聊天窗口可显示在线人员的名字，可以像 QQ 一样通过发送信息进行交流讨论，对学习的疑问可以即时得到他人的回复，是一种在线的深度互动的学习方式。学生发言的内容都会被系统记录下来，在交流过程中，教师可以选取恰当的内容，推荐作为生成性资源。如图 6-13 所示。

图 6-13　聊天室模块的实现

6.3.2.3　学习活动模块的实现

在 Moodle 课程设计模块中可以通过预设多种学习活动、问题情境、仿真情境、竞争情境、贴近现实的情境、游戏情境等，激发学生学习兴趣，调动学生学习的积极性，促使学生愿意主动积极地参与到学习活动中来完成知识学习。如图 6-14~图 6-18 所示。

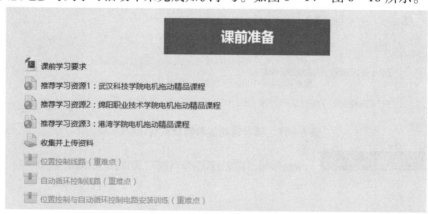

图 6-14　丰富的学习资源

图 6-15　动画视频展示

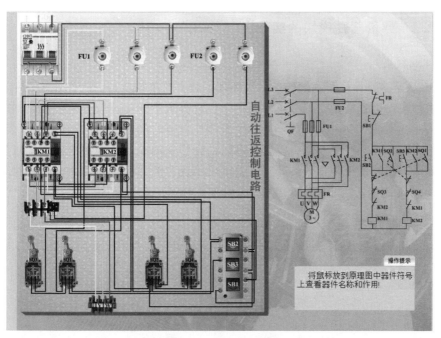

图 6-16　器件仿真软件

图 6-17　贴近生活的教学视频资源

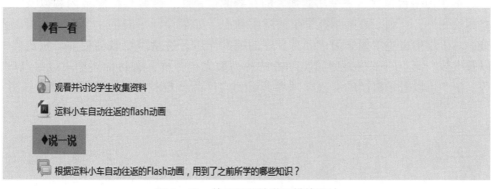

图 6-18　基于问题的学习模块设计

6.3.2.4 评价奖励模块的实现

(1) 作业模块

基于 Moodle 学习管理系统的作业活动体现了教育改革的新理念。作业模块主要是学生上传作业，教师可以设置交作业的截止日期，并设置分数。学生可以上传任意格式的文件到平台上，上传时间系统自动记录。如果有学生未能在指定时间内完成，教师也可以清晰地查看迟交了多长时间。教师在完成评分以后，可以结合学生的完成情况决定是否要求其重新提交作业，进而进行新的评价和分数的评判。教师可将优秀的作品和参考作品进行推荐，形成生成性资源，达到促进学生交流、激励学生作品创作热情的效果。如图 6 - 19 所示。

图 6 - 19 作业模块的实现

(2) 测验模块

Moodle 学习平台包含了一个功能强大的在线测试系统，教师根据章节内容以及学习进度等建立测验题库，有利于教师掌握学生的学习情况。如果设计平时的小测验，还可以允许自动评分，对于学生自主掌握学习成绩有良好的辅助作用。这就需要教师提前设定测验的开放时间以及次数。测验的试题类型和实际考试的类型完全一样，题目描述中可以是文字描述、图片等。学生可以登录自己的课程管理界面看到自己的分数和教师的评语反馈。如图 6 - 20 所示。

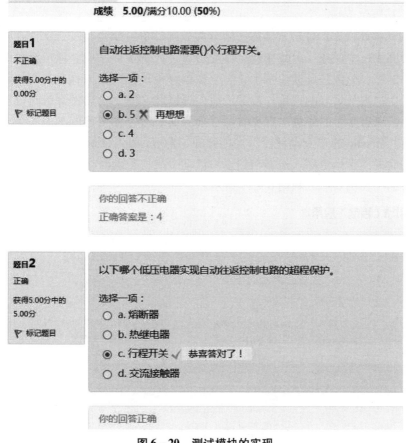

图 6－20　测试模块的实现

（3）学习活动报表

Moodle 平台对学生的学习过程具有追踪记录的作用，从学生登录学习平台，系统就开始跟踪其学习过程，例如学生登录次数、作业的提交、参与的所有的学习活动和学习时间、学生的学习过程、问题的讨论反馈等。系统对学生学习过程的记录都可以通过活动报表来查看，可以看某个学生的也可以看全班学生的今日日志或者所有日志，教师针对了解的情况可以通过发邮件与学生沟通交流，实现教师对学生学习过程的监控和督促。如图 6－21 所示。

从2014年07月17日 星期四 18:57开始的日志中计算得出

活动	浏览	相关博客
《电机拖动》教学讨论区	72	-
课程疑难解答聊天室	3	-
教学资料		
《电机拖动》授课计划	6	-
《电机拖动》教案	6	-
模块4 —— 项目3 —— 自动往返控制电路		
课前学习要求	93	-
推荐学习资源1：武汉科技学院电机拖动精品课程	18	-
推荐学习资源2：绵阳职业技术学院电机拖动精品课程	13	-
推荐学习资源3：淮海学院电机拖动精品课程	8	-
收集并上传资料	153	-

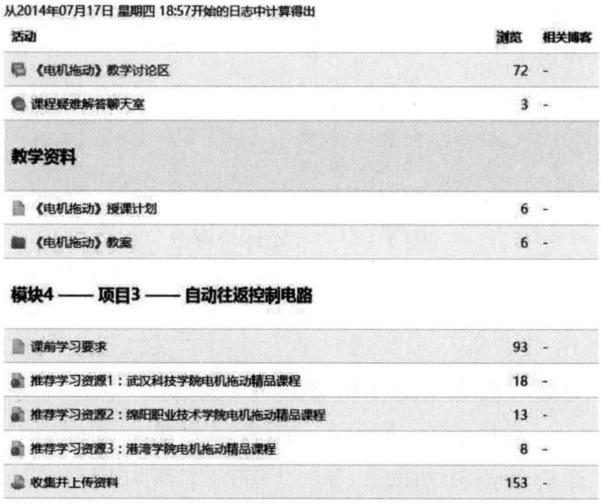

图 6－21　课程学习活动报表

（4）互动评价与反馈

Moodle 的互动评价根据评价主体的不同分为教师评价、学生自评、学伴互评。在评价活动中学生需要完成三个任务：上传作业、作业自评、评价学伴作业。评价活动结束后系统自动计算出作品的综合分数并反馈给学生，学生根据评价反馈可以对作品进行修改。当然，为了防止有的学生出现乱评分的现象，教师最后还可以针对学生给出的评价再评价一次。互动评价结束以后，所有学生的成绩出现在教师管理界面。学生在自己的学习系统也能看到别人对自己的评价。Moodle 的"互动评价"功能弥补了常规评价工具的局限，大大提高了作业评价的效率。同时促使学生更深入地参与到学习活动中来，帮助学生准确判断作业存在的问题以及修改的方向。如图 6 – 22 和图 6 – 23 所示。

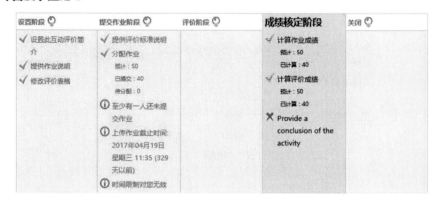

图 6 – 22　互动评价设置

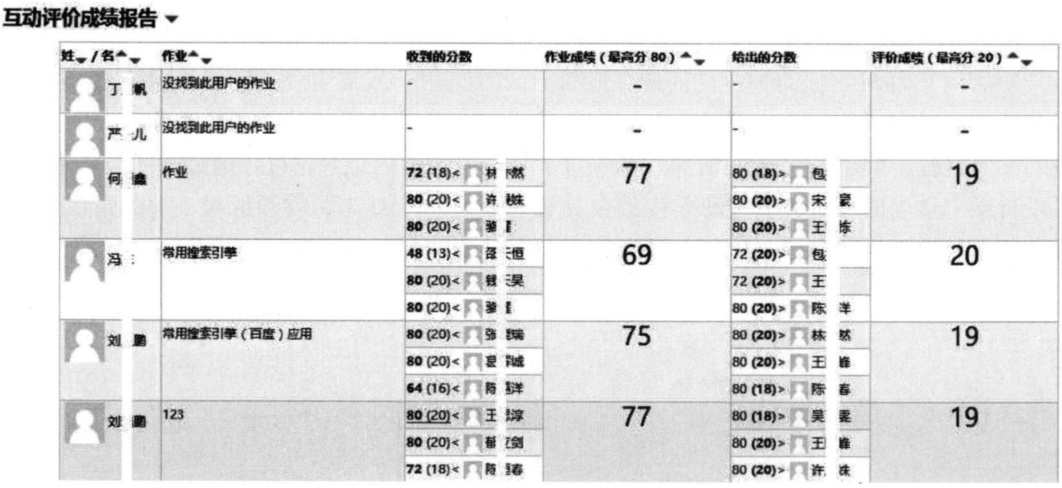

图 6 – 23　互动评价得分

（5）奖励模块的实现

在 Moodle 平台中采用"勋章"来实现对学生学习、实践技能和成就的认证。用勋章评价的方法替代用考试和写文章考核学生的传统方式，创新对学生的评价。学生学习了第一周的所有学习资源和活动之后，系统会自动给学生颁发一个第一周活动完成者勋章，依此类推，该勋章旨在发挥形成性评价的激励功能。当学生学习了所有周的所有学习资源和活动之后，系统会自动给学生颁发一个课程完成者勋章。而课程优秀者勋章则奖励给那些课程总成绩达到 80 及其以上的学生。后两种勋章分别旨在发挥总结性评价的考评功能。在课程勋章列表中，学生单击勋章图片即可查看授勋标准，单击"获得者"即可看到在本门课程中获得该勋章的学生名单列表。如图 6-24 所示。

您的站点无法通过 Internet 访问，故此站点下授予的勋章均不能被外部勋章背包服务中心确认。

可用的勋章数：5

添加一个新勋章

名称	勋章状态	授勋规则	获得人	动作
勋章1	启用	• 授予人：教师	37	
勋章2	启用	• 授予人：教师	10	
勋章3	启用	• 授予人：教师	4	
勋章4	启用	• 授予人：教师	1	
勋章5	启用	• 授予人：教师	0	

图 6-24　勋章模块的实现

7 基于网络学习空间的教学设计

7.1 信息化教学设计方法

7.1.1 信息化教学设计的内涵

信息技术的飞速发展把人们带进了一个充满信息且快速变换的时代。传统的教学设计理论许多方面已不再适用于当前内容迅速变化、全球交流、高新技术的背景。工业时代到信息时代的转变给教与学带来许多冲击,其中一个明显的改变就是从标准化转为个性化的设计:设计者逐渐尝试为每个学生创设独一无二的学习经历,而不是努力为所有的学生制造一个简单的、定义明确的学习模式。学生自我控制的学习将给基于学生学习的教学设计带来美好的前景。

祝智庭主编的《现代教学技术——走向信息化教育》一书中对信息化教学设计作出了明确的定义:"信息化教学设计是充分利用现代信息技术和信息资源,科学安排教学过程的各个环节和要素,为学生提供良好的信息化学习条件,实现教学过程全优化系统方法。其目的在于培养学生的信息素养、创新精神和综合能力,从而增强学生的学习能力,提高他们的学业成就。"信息化教学设计强调以信息技术为主要手段。信息技术对人类教育具有强大功能,它不仅大大丰富了学生获取信息的途径,同时也为学生的学习提供了认知工具,也为学生的能力培养、价值观的发展提供了新的手段。

总之,信息化教学设计与信息化时代紧紧联系在一起,根据当今的教育理念,充分利用各种信息技术与资源,为学生达到各方面健康和谐的发展作出规划,以适应信息时代对人的要求。职业院校的信息化教学设计应体现:

①学习过程"前移后继"。课前预设资源、个性推送、导学驱动,课中师生互助探疑、合作探究、内化提升,课后总结反思、评价反馈、补疑拓展。

②教学对象"尊重差异"。学习任务难度梯度化、形式多样化、评价过程化,调动学生学习主动性,服务学生发展。

③学习资源"个性推送"。网络学习空间跟踪记录学生的学习行为,诊断、分析学生的特征和需求,智能推送个性化学习资源与方法。

④学习评价"基于数据"。学生可以随时随地学习知识和技能、参加各项活动,信息化技术记录学生的学习、实践、活动的业绩,并通过汇总分析后评定课程成绩,给出综合评价。

⑤教学方式"双线并进"。线上以教师布置的引导性问题为基础,充分激发学生学习兴趣,帮助学生形成学习动机。线下教师组织"讨论"和"操作",引导学生应用所学知识来解决实际问题,内化知识、强化技能。①

7.1.2 信息化教学设计的特征

信息化教学体现了许多不同于传统教学的特性,如目标的多元性、学习的主动性、学习过程的协作性、反馈的及时性与技术的支持性等。②

7.1.2.1 目标的多元性

在传统教学中,学生的学习方法与过程、情感、态度与价值观不易检测和评价,因此教学目标的设置主要针对知识与技能。根据多元智能理论,不同的人会有不同的智能组合。职业院校的学生,入学分数跨度大,学生的学业基础、学习兴趣、语言表述、逻辑思维、沟通交流能力差异性大,这就需要在教学设计时做好学生的学情分析,依据专业教学标准,与学生共同讨论,从知识、能力、情感、素质等多个方面,为学生"量身"设计学习目标。在学习过程中,要利用信息技术记录学生的学习过程和成效,帮助学生及时掌握自己的学习目标达成度,指导学生适时制定或优化下一从阶段学习目标,让学习目标动态发展,最大限度挖掘学生的学习潜质。

7.1.2.2 学习的自主性

传统教学设计一般都由教师完成,学生不需要了解教学设计的过程与方法。信息化教学设计,强调学生是学习活动的主体,学生的学习效果取决学生的情感态度、学习能力和学习方式。教师要引导学生思考"为什么学、学什么、做什么、怎么学、怎么做",激发学生学习的愿望,让学生承担着自主学习的责任,发挥学生在各项具体学习活动中的主动性和创造性,培养学生通过积极参与、乐于探究、勇于实践、勤于思考追求更高的人生价值。在信息化教学过程中,教师要合理创设信息化的学习情境,推送学习方法和资源,让学生在学习过程中体验学习的快乐和成功的喜乐,以利于学生达到最佳的学习状态。

7.1.2.3 过程的协作性

信息化环境中的协作学习遵循着"一切为了学习者,一切依靠学习者"的理念,即以集体智慧的凝聚与个体智慧的发展为目标。在信息化教学实施过程中,学习者、助学者(包括任课教师、学生、家长、辅导教师、实践指导教师、企业能工巧匠等)构成学习团体,每个学生是学习者也是助学者,是资源接受者也是资源提供者,学习者通过交流与合作、支持与服务,共同实现学习目标。在信息化教学设计时,应引入开放式网络学习环境,通过创设协作性活动,设置活动的准则,采取鼓励协作的评价手段和奖励措施,增强生生、师生间的交流与合作,在网络学习空间中形成学习共同体。

---

① 张跃东. 职业院校信息化教学设计的程序与方法[J]. 中国职业技术教育,2018(35):48-58.
② 喻东丽. 信息化教学设计研究[D]. 金华:浙江师范大学,2003..

7.1.2.4 反馈的及时性

在传统教学中学习成效的评价主要通过作业、测试等途径实施，由于技术落后、工作量大，评价信息的反馈一般局限于学习的结果，而且是滞后的。信息化教学要服务于学生的学习过程和个性化的学习需求，可借助信息技术实时记录学生的学习行为，并通过大数据适时对学生的学习过程和成效进行分析。在学习过程中，教师通过反馈信息及时掌握学生的学习状态与效果，适时调整教学策略与方法；学生通过反馈信息了解自己学习方式的有效性，并结合反馈信息及时优化自己的学习策略与方法。

7.1.2.5 技术的支撑性

信息化教学设计强调充分利用信息化技术手段进行基于资源、基于合作、基于研究、基于问题等方面的学习，通过网络学习空间与计算机模拟使学生在意义丰富的"真实"的情境中主动建构知识。同时信息技术还被用来支撑高级的心智过程，如概念地图等。

7.1.3 信息化教学设计的理论基础

信息化教学设计理论研究的缺乏不利于指导教学实践。为了避免人们对信息化教学设计本身产生盲目性，本书试从建构主义理论、多元智能理论、开放系统思维三个方面来探讨信息化教学设计的理论基础。

7.1.3.1 建构主义学习理论

建构主义学习理论认为：知识是由学生自主建构的，并以社会和文化的方式为中介。其中的隐喻是：学习不是传输的过程，也不是接受的过程，学习需要有意图的、积极的、自觉的、建构的实践，在认知、解释、理解世界的过程中构建自己的知识，学生在人际互动中通过社会性的协商进行知识的社会建构。信息化教学设计正是根据这种知识的哲学观，改变传统教学设计关注的焦点，将其转移到学生的学习和知识的形式上来。建构主义对知识的新隐喻必然导致这样的教育思想的重整与更新。信息化教学设计的主要任务可以说是创建一个契合这种价值观的、以学生为中心的开放的学习环境，这样学习环境将给养（Affordance）一种新型的学习——建构性的学习，所养成的是自主发展的学生。

信息化教学设计主要是以建构主义理论为指导，传统的教学设计则以行为主义为基础。随着建构主义新认识论对学习本质的揭示，以及信息化时代学生学习环境的改变，传统教学设计过分强调系统的封闭性，所以各种弊端逐渐凸显。梅里尔（M D Merrill）曾专门写了一篇文章论述传统教学设计理念的局限性，如：内容分析缺乏整合性，无法理解复杂、动态的现象；理论基本上是封闭的系统；教授的是零碎的碎片而不是整合性的知识；教学通常是消极的，而非互动性的。信息化教学设计试图克服传统教学设计的弊端，以适应信息化时代的教学。

7.1.3.2 多元智能理论

打破班级常规编排，基于共同兴趣重新组合，霍华德·加德纳创立的多元智能理论在世界范围中引起较大的反响。作为对传统一元智力理论的反对者，他认为智力并不是传统论者所说的是以语言与逻辑为中心构建起来的系统，而是彼此独立、以多元形式共存的一组智力。这组智力在特定文化背景下是被认为有价值的。通过研究加德纳先后得出互相独立的三大类共八种智能：与"物体相关的智能"四种；与"语言相关的智能"两种；与"人际相关的智能"两种。多元智能理论与中小学的教育实践密切结合起来，为教师开启了新的思维空间，为教师的教育教学活动提供了崭新的视角。

加德纳的研究成果对于教学设计具有很大的启示意义。对于每一个学生来说，同一性是相对的，差距性是绝对的。传统教学设计更多地用整齐规范的手段把各具差异性的学生固定在一个教室，运用相同的方法，对学生施以相同的教学内容，让学生发展相同的智能。然而并非每一个人都能够为伟大艺术家、音乐家或作家，但是当每个人都有机会挖掘自身的潜能而高效地学习时，他们必将在认知、情绪、社会甚至生理各方面展现出前所未有的积极变化。传统教学设计的结果可能导致在某些时候一些学生沦为其他学生的陪读，因为并非每个学生都能展示相同的智能侧面。

信息化教学设计尊重每个学生的个体差异，强调学生进行自主设计式的学习。具有可选择性的学习内容与学习方式及其所得以保证的时间和空间为不同智力组合的学生提供了同质学习的机会，有利于促进学生的心灵及各项智能充分而全面地发展。在信息爆炸的时代没有人能拥有所有的知识，我们必须作出最终的抉择：学习什么以及怎样学习。在作出这样的决定时，学生个人的倾向和兴趣应当引导他们选择某些学习目标。多元智能理论呼唤开放的教育系统、多元化的学习方式、多元化的教学评价方式，这样才能为每一个学生开拓适当的智能发展途径，真正做到因材施教。多元智能理论为信息化教学设计创建一个开放的教学系统，为采用更为广泛、学生更为自主的信息化教学模式奠定了一定的理论基础。

7.1.3.3 开放系统思维

教育是一种培养人的活动，人无时无刻不与外界环境打交道。信息技术的飞速发展使人与外界的交流空前的频繁，传统的带有封闭性、线性色彩的教学模式已不适应时代发展的要求。学校的贡献不应止于教科书内容的传授，而应以更加开阔的视野来关照人与社会这个超复杂的系统。在这种背景下，面对现实世界的问题——人类教育活动系统，需要新的方法论——软系统方法论。它要求有一套全新的观念运用于教育系统：开始关注"问题情境"而不仅仅是"问题"；注重学生的"个人体验"而不单纯追求"目标达成"；重视情境的"改进"而不单纯追求问题的"解决"；检验标准是个人的"成功有效"而不是"客观相等"。"软"系统思想的学习范式与传统的"硬"系统思想的优化范式形成了强烈的对照。新的方法论视角给教学设计研究带来新的发展前景与创新，他们建议在教学设计中引入混沌学的非线性开放系统、正反馈圈等基本概念。我国学者也提出了"混沌基本理论在教学设计中的应用是教学设计发展的新方向""混沌理论视野中的教学系统设计"等观点。

信息化教学设计克服了传统教学设计相对封闭、线性思维的特征，汲取了开放系统思维与系统思维的营养，以更开阔的视野来设计学生的学习过程，从更深的哲学层次来关照学生的全面成长。

7.1.4 信息化教学设计的原则

信息化教学设计强调以学生为中心，引导学生参与教学设计的过程，注重培养学生自我设计学习能力，从而促进学生的全面发展。在信息化教学中，要处理好学生个性化学习与协作化学习关系，坚持两者相结合的设计原则。根据信息化时代的特征与要求，充分利用信息技术与各种信息资源来支持学生的学习，同时利用电子绩效技术来提高学习的效益。

7.1.4.1 关注学生全面发展的原则

在传统教学中教师很难在教学过程中及时掌握学生的个体特征,因此传统的教学设计以授课班级为单位,主要对授课过程进行系统化设计。随着信息化不断发展,知识获取方式和传授方式、教和学关系都发生了革命性变化,促进学生全面发展,让每一个学生有人生出彩的机会,已成为现代职业教育的基本要求。信息化教育设计要以立德树人为根本,突出学生的主体地位,关注学生的全面发展,服务学生的学习过程;教学目标的设置要基于学生的实际和发展,教学内容的安排要切合技术技能人才培养要求,教学策略与方法的选择要符合职业院校学生认知规律。

7.1.4.2 协作性学习与个性化学习相结合的原则

建构主义理论、多元智能理论是信息化教学设计的理论基础。构建主义学习理论认为每个学生基于先前经验,在探索和人际互动过程中建构自己的知识;多元智能理论提出要尊重学生的差异性,应为每个学生设计切合个性特征的学习路径。因此,信息化教学目标、学习任务、学习情境、学习资源、教学评价的设计要切合学生现有的基础和认知特点,教学方式和教学过程要强化师生、生生间的协作与交流,通过协作性学习与个性化学习有机融合,实现知识经验存在差异的学生与准备学习这种知识经验的学生之间的交往,使每个学生在一定的情境下,借助自己的探索和人际间的协作活动实现知识的建构。

7.1.4.3 高效益的原则

从教学设计诞生的根源来看,就是与效益紧紧联系在一起的。教学设计萌芽于企业和军事的训练,目的就是追求更高的投入和产出效益,教学设计应用于教育领域后就是为了追求最优化的教学。信息技术的发展使人类生活的方方面面都大大提高了效率。在教育领域,技术被用来支撑高级的心智过程,当技术成为学生的认知工具时,能帮助学生用具体的方法来表征自己的思维,并使学生的推理过程可视化和得到验证。

同技术的发展并与追求效率相关的一个概念是绩效技术,绩效技术是一种选择、分析、设计、开发、实施及评估方案的过程,目的是以最高的经济效益影响人的行为及业绩。电子绩效支持系统是为了提高绩效服务的一个整合的电子环境。现代网络、多媒体、无线通信、人工智能、人机交互等计算机与通信技术的发展为电子绩效支持系统各种功能的实现和增强提高了物质基础,信息化教学设计得到了更强有力的支持,将基于 Internet 的 EPSS 用来促进学生的信息获取,帮助教师和行政工作人员处理教学相关工作。绩效技术和电子绩效支持系统都是(信息化)教学设计的重要组成部分和发展方向。

7.1.5 信息化教学设计的程序与方法

信息化教学设计的过程是一项系统工程,它由教学标准和学习者的分析、阶段性学习目标和子目标的设计、教学内容和方法的选择、教学情境和任务的创设,以及学习过程、学习资源、学习环境、学习评估等环节组成,各环节既相对独立,又相互依存、相互制约,组成一个有机的整体。师生应根据信息化教学设计的特征和原则,基于各个环节的功能和逻辑关系进行信息化教学设计。如图7-1所示。

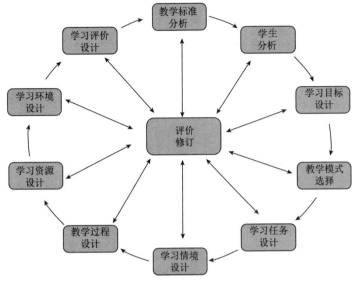

图 7-1　信息化教学设计的程序

7.1.5.1　教学标准和职业标准分析

从 2012 年起，教育部陆续向社会分批颁发了中、高等职业院校专业教学标准。教学标准是规范职业院校专业建设和专业教学，保证人才培养质量的纲领性文件，是教学和评价的出发点和归宿。职业标准描述了胜任各种职业所需的知识和技能，反映了当前职业对从业人员能力水平的规范性要求。教学标准指向整个学制内学生的学习结果，职业标准指向具体岗位的从业资格和能力，教师无法依据它们直接进行教学。从标准到教学设计，需要结合教材、学情和环境对标准进行教学化分析，把标准中提到的相关概念、要求分解为教学内容和教学活动。教学标准分析是信息教学设计的起点和其他环节的重要依据。

7.1.5.2　学生分析

掌握学生的学业基础、信息化素养、学习能力、兴趣爱好等个性特征，是做好信息教学设计的关键环节。在信息化教学设计中学生分析要从两个层面展开：一是教师要引导学生对阶段性学习目标和子目标的达成度、学习方法的有效性、助学者支持的互补性等方面进行分析和总结，帮助学生逐步掌握自己的学习规律，设计适合自己的学习策略与方法；二是教师依据学生的学业成绩、学习兴趣、学习活动记录，分析学生的个性特征及学生间的相似性和差异性，并通过有针对性地创设学习情境、设计学习任务、推送学习资源，为学生自主和协作学习提供支持服务。

7.1.5.3　学习目标设计

教与学需要目标指引，专业与学科的学习目标由总体学习目标、阶段性学习目标和课堂教学目标组成。

（1）阶段性学习目标设计

教师依据教学标准、岗位要求、学习者分析确定课程总体和阶段性学习目标。在教学实施过程中，教师适时鼓励和指导学生根据自己的学业基础、学习能力和学习兴趣对阶段性学习目标进行分解、细化和拓展，形成一系列的子目标。阶段性学习目标应从基本、拓展和创新三个层面设计。针对学业基础弱、学习兴趣低的学生，教师要指导他们把阶段性学习目标中的基本要求，细化为每个项目的具体学习目标；对于学业基础较好的学生，要引导他们勇于创新，主动学习新技术、新工艺，在课程总体学习目标和阶段性学习目标的基础上，结合专业发展和自身的特点设立更具有挑战性的学习目标。

（2）课堂教学目标设计

课堂是学生学习的主阵地和最基本的单元，每个阶段性学习目标都是在一系列课堂教学目标指引下实现的。课堂教学目标确定了学生应该达成的状态和努力方向，是教学活动实施的依据，也是评价学生学习的重要标准。因此，课堂教学目标设计必须注重全面性、全体性、差异性、合理性和可行性。

①课堂教学目标必须可期、可测、可评。课堂教学目标应该定位在学生预期的学习成果上，而且其陈述必须明确、具体。在设计教学目标时，具体要求应阐述清晰、难易适度、可测可评，重点设定和难点判断要切合学情、有据、准确，从而能够更加清晰地向学生、教师、教学辅助人员传达教学意图，使教学活动更具方向性和实效性。

②课堂教学目标应全面、合理、可行。职业院校课堂教学贯彻以情感为动力、以知识为基础、以能力为核心的原则，教学目标要围绕学生职业能力与素质养成，从学生情感的激发、素质的养成、方法的掌握、创新意识的培育、知识与能力的达成等方面进行全面设计。教学目标不能仅关注班级整体的学习状态和效果，更应关注每个学生的学业基础、学习能力、兴趣、天赋与特长，使教学目标有效指引学生发展。

7.1.5.4 教学模式的选择

信息化教学可以采取很多种方式，教学设计中教师应基于教学目标、学情和学校的信息化建设水平，合理选择信息化教学模式。

（1）教学模式要符合教学目标

每个知识点的学习，每项技能训练或实践活动，都有一定的教学目标，为达到不同的教学目标需要使用不同的教学模式。比如，让学生认知汽车发动机概念、理解汽车发动机的工作原理，需要应用视频、动画、思维导图等，展示事实、创设情境、呈现过程，支持学生探索式的研究型学习；又如，让学生掌握汽车发动机检测与维修技术，需要应用仿真、VR（虚拟现实）等信息技术和实践操作相结合的混合式教学模式。

（2）教学模式要切合学习的内容

职业院校的专业和学科数量多、差异性大，在信息化教学中要按学习内容选择适合的教学模式。如数控加工技术、工程钻探技术等工程类课程，着重培养学生实践能力，需要创设虚实结合的学习环境，把真实工程项目虚拟化，让学生在仿真项目中熟悉操作规范和作业标准，再通过实践提升学生生产能力和职业素养；又如模拟电路、数字电路等专业基础课程中的概念、原理和公式比较复杂、抽象，学生需要借助动画、仿真、协同实验等信息技术，经过分析、思考、建构才能理解各要素及变量间的内在关系。

（3）教学模式要切合学生的实际

信息化教学模式要切合学生的心理特征、学业基础和信息化素养。如低年级学生信息检索、分析、判别、归纳、总结能力弱，应采取用任务驱动式教学模式，过程性评价应注重学习过程记录的分析与利用，减少学生自评、互评的权重，不宜让学生在完全开放的信息化环境中自主探索学习；针对有信息化学习经验且掌握信息化学习方法的学生，可利用网络学习空间向学生提供丰富的工具和数字资源，把学习的主动权交给学生，实施以学生自导性学习为主线的教学模式。

(4) 教学模式要切合学校的实际

信息化教学的实施需要学校软硬环境支持。例如，学校的教室和实训场所没有建成有线、无线网络全覆盖，师生、生生间的学习终端不能有效通信，学生分组协作式学习模式就很难有效开展；再如，学校缺乏基于大数据（学习成绩、学习轨迹、能力评估）的学生能力取向分析、评估与服务机制，信息化学习平台不能及时分析出学生的特征，就无法为学生提供智能化、个性化的学习支持服务。因此，只有切合学校信息化实际情况的教学模式才能得到有效实施。

7.1.5.5　学习任务与问题设计

学习任务与问题是信息化教学的载体，"任务"应来源于生活或工作实践，适应行业企业技术新发展，有机融合立德树人、文化育人等教育元素，与学校实践教学条件、信息化环境、学生的专业及经验相适应。可结合学生的学业基础、学习能力和兴趣爱好设置基础性、拓展性、挑战性和创新性的学习任务，以满足不同学生的学习需要。根据学生的情感与态度，有针对性提出问题，"问题"应是真实的、积极的，要能让学生产生共鸣，要有效激发学生的学习积极性。

7.1.5.6　学习情境设计

教师可根据教学内容、教学目标、学生的认识水平和情感，应用信息技术、数据资源创设丰富的学习情境。例如：创设"故事情境"将抽象知识直观化、具体化、形象化，尽可能多地调动学生的视听觉感官，使学生对知识与技能产生强烈的渴求；针对学生的求知心理创设"问题情境"，应用多媒体技术提高问题的感染力和冲击力，让学生在问题情境中迸发探求欲望，感悟学以致用、精益求精的工匠精神；"模拟情境"可以让学生尽可能接近真实的实验和工作环境，伴有生动情境刺激的学习活动，使课堂教学转变为集多种感官于一体的愉快体验。

7.1.5.7　学习过程设计

确定了学习目标和教学模式后，需要对学习各个环节进行统筹安排。课前，教师预设资源、创建活动，引导学生自主学习相关知识、主动探索问题，借助分析工具掌握学生学习效果；课中，教师引导学生对容易感到疑惑的知识和不易掌握的技能进行同伴互助、合作探究，在完成预设教学内容的基础上进行适度拓展与创新；课后，师生共同对知识和技能学习进行小结和反思，共同建立基础性、提高性、挑战性等多种拓展资源和拓展活动。

7.1.5.8　学习资源设计

学习情境的创设、教学活动的实施需要信息技术和数字资源支持。2018年，教育部推出首批490门"国家精品在线开放课程"，丰富的数字资源为职业院校信息教学提供了极大的便利。但职业院校多与区域内的企业合作，专业对接企业的具体岗位，专业知识、技术技能更新快，针对性强，因此职业院校学习资源的设计，既要吸纳教育界内部和外部的各种优质数字资源，又要切合生产技术的发展和学生个性化学习需求，把资源生成、加工与学习过程融合，实现学习资源的动态发展和再生创新。

7.1.5.9 学习环境设计

信息化学习环境是学生利用信息工具和数字资源协作学习的空间,是促进学生主动建构知识和促进能力生成的外部条件。职业教育注重"做中学、做中教",广泛推行项目教学、案例教学、情境教学、工作过程导向教学。学习环境的设计要切合教学内容、教学模式和学生的学习需求,从学习空间(如物理环境、网络环境、座位布局)、信息技术(如资源获取、内容呈现、交互工具等)和教学方法(如情境创设、学习活动等)三个维度,为学生构建一个智慧的信息化学习环境。

7.1.5.10 学习评价设计

在信息化教学中可以通过测试、作业、自评、互评、投票等环节对学习目标完成情况进行结论性评价,也可利用网络学习平台和物联网技术跟踪、记录学生的学习过程,通过大数据分析对学生的学习行为、态度、情态形成指导性评价。

(1) 教学目标达成度评价

信息化学习评价的目的是发展学生多方面潜能,高效达成学习目标。职业院校的教学目标一般涵盖知识、能力、素质三个维度,学习目标的达成度应依据学生的学业成绩、学习能力、职业情感、职业素养、创新意识等诸方面的发展进行综合评价。为提高评价的科学性和有效性,评价的量规应是"立体全方位""交叉可校验"和"定量定性相结合"的。例如,职业素养的评价,可以在工艺要求、设备摆放、场地卫生、耗材节约等方面设立评价指标,通过学生自评、组内互评、组间互评、教师评价、企业评价、社会评价等获取多元评价信息,再利用信息技术对评价信息进行综合化分析和校验,挖掘学生的优点,找准学生的问题,形成学生职业素养达成度阶段性评价,并提出职业素养提升的针对性建议。

(2) 学习过程性评价

对于学生而言,好的评价方法就是学生在学习过程及时掌握自己的学习状态并得到有效的服务。网络学习空间可以客观、有效地记录每个学生的学习过程,如访问数字资源的情况(阅读次数、停留时间等)、访问 URL 情况(类型、相关度等)、专题论坛参与度、互动评价的有效度等。在信息化教学设计中,要基于学生的学习记录建立过程性评价量规,应用活动报表、任务进度、数字勋章、学习行为跟踪、交互行为关系分析等信息化工具,对学生学习过程及其所处情境的数据进行测量、收集、分析后形成评价意见并及时反馈给学生,从而帮助学生选择符合个性化需求的学习方法、路径和支持服务,促进学生关注学习过程,养成科学探究的习惯,塑造严谨的学风和精益求精的精神。

7.1.5.11 评价修订

信息化教学设计一般由教学标准和职业标准的分析开始,各个环节循序推进、相辅相成。例如,通过分析教学标准,把教学标准的规范性要求细化为具体的教学要求后,学情分析就有了参考系,在学情分析时,可依据学生的实际情况,对教学标准分析的有效性进行评价并修订完善;完成标准分析和学情分析后,学习目标和教学重难点的设计就有了依据,在教学目标设计时,可能要进一步细化学情分析。因此,信息化教学设计的每个环节要利用上一个环节的信息,也要对上一个环节进行评价与修订,从而使各个环节在动态、循环中完善优化。如图 7-2 所示。

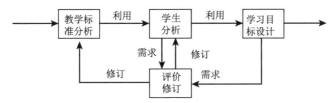

图 7-2　各个环节动态优化示意图

7.2　信息化教学设计实例
——以电气专业"传感器应用技术"课程为例

7.2.1　设计思路

传感器应用技术是一门应用性很强的课程,该课程属于交叉学科范畴,涉及电子、机械、物理、化学等多门学科技术,且与生产、科研实践联系紧密,由于学生的实践知识和经验不足,知识面也较窄,所以在学习过程中感觉抽象难懂。为使学生轻松理解各种传感器的工作原理并熟练应用,南京工程高等职业院校"传感器应用技术"教学团队在传感器应用技术课程教学中,从讲授、教材、作业、讨论、实践训练、考核等课程教学六大要素入手,应用学校的"职教领军网络学习空间",并借助校企合作机制,形成了"校企协同育人"教学模式。该模式体现的是把讲授、教材、作业、讨论、实践训练、考核等课程教学六大要素与实际工程项目及企业技术人员实时结合的全新教学理念。

7.2.1.1　设计网络课程框架

携手企业技术人员共同修订"传感器应用技术"课程标准,结合职业院校学生的特征及传感器最新工程实践搭建"传感器应用技术"网络课程。

首先在"传感器应用技术"网络学习空间的搭建上突破了学科体系模式,打破了原来学科体系的框架。在编排上,采用"企业在线"教学模式,将典型传感器的应用技术按"项目"进行整合。内容以实用为主,原理分析通俗易懂,并配备相应的插图和工程实例。在各项目中进行典型传感器应用电路的分析和测试,融合常用传感器的基本知识,使学生能直观地理解相关知识点。如图 7-3 所示。

图 7-3　传感器及应用网络课程主页

7.2.1.2 设计教学过程

实施企业实时在线育人需要在 Moodle 平台上创设"企业实时互动"模块，通过选择与本次教学项目一致的企业实例，可查看企业实景图片、文字材料和影像资料，在线听取企业技术人员的实时介绍，并可在教师的主导下与之讨论互动，使得项目教学更真实更多元更丰满。如图 7-4 所示。

课堂中师生双向交流，理论和实践交替进行，直观和抽象交错出现，克服了课堂教学的抽象枯燥的缺点，加强了学生认知过程和能力的培养，有利于充分调动和激发学生学习兴趣。在整个教学过程中强调教师的组织、协调、引导作用，强调学生的认知主体地位，提高了学生的动手能力和创造能力。

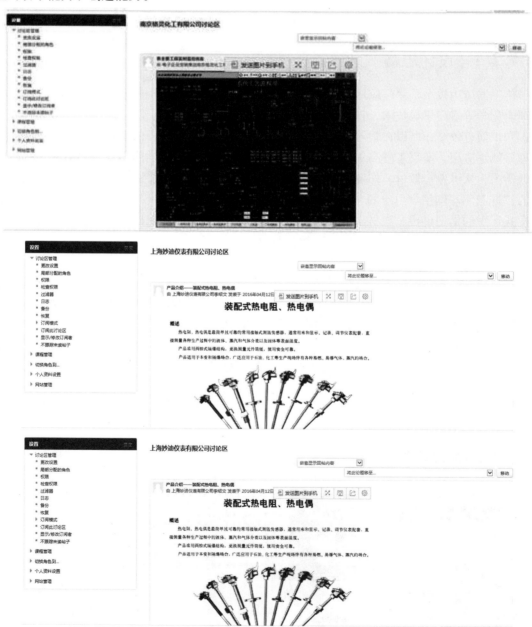

图 7-4 传感器及应用网络课程中企业空间部分内容

7.2.1.3 设计学习活动

"职教领军网络学习空间"的"企业实时互动""企业、老师、学生讨论""企业老师成绩评定""企业信息发布"等模块的引入,使得整个教学过程不仅只有老师和学生,还增加了企业和富有实际工作经验的企业技术人员。如图7-5所示。新角色的介入不仅使教学效果产生质的飞跃,同时还带来以下收获:

①校企、校校合作更加便利;

②使学生、老师与企业技术人员的联系与交流更加紧密;

③企业技术人员参与对学生学习的考核评价使得学生考核更客观全面;

④为学生的就业和终身学习提供平台;

⑤新教师及企业实践经验较少的教师在企业技术人员及教学团队的配合下也能高质量地上好"项目化"课程。

图7-5 传感器及应用课程中企业工程师在线交流

7.2.2 前期分析

7.2.2.1 学情分析

为了解学生的自主学习习惯、学习能力和学习效率,教学团队设计了信息化环境下学生自主学习方式调查问卷。共发放调查问卷320份,回收298份,回收率为93.1%。调查内容包括课前预习、课堂学习效率、自主学习方式、课堂表现、课后复习、影响学习成绩的因素、学习过程的持续时间等。

(1) 课前预习

15%的学生有课前预习的习惯,78%的学生偶尔有课前预习,7%的学生从没有预习的习惯。这说明学生学习主动性差,不太喜欢或不愿进行课前预习。

(2) 课堂学习效率

86%的学生认为自己的课堂学习效率和学习状态与教师的教学方式有关,78%的学生认为课堂学习效率和课堂的学习环境有关,36%的学生认为课堂学习效率和同学间的关系有关。这说明学生的学习效率与教学方式、学习环境、同学关系等课堂体验直接相关。

(3) 对学习过程中的疑问

43%的学生选择在教师的指导帮助下解决问题，50%的学生选择和同学讨论解决相关疑问，36%的学生选择通过上网、查阅书籍等方式解决问题。这说明职业院校学生解决问题比较喜欢通过向教师提问或与同学讨论的方式。

(4) 讨论发言

38%的学生表示每次都能踊跃地提出自己的想法，46%的学生选择有时参加讨论和发言，16%的学生表示每次都没有话说，只是听别人发言。这说明学生思维比较活跃，能根据教师布置的任务进行讨论思考并提出自己的想法。

(5) 课后复习

48%的学生能在一周内复习，掌握大部分学习内容；32%的学生在一个月内进行复习；20%的学生从不及时复习，只在考试前突击复习，大部分内容不能掌握。这说明大部分学生主动复习的意识和能力较弱。

(6) 影响学习成绩的因素

81%的学生认为学习成绩和学习方法欠缺有关，56%的学生认为学习成绩和学习努力程度有关，31%的学生认为学习成绩和学习兴趣有关。这说明大部分学生认为学习成绩与学习方法和努力程度有关。

(7) 使用信息化工具进行学习的时间

36%的学生选择了每天花费半个小时以内使用信息化工具学习，49%的学生选择了每天半个小时到一个小时使用信息化工具学习，15%的学生选择了每天一至三个小时使用信息化工具学习。这说明大部分学生使用信息化工具自主学习的时间是半个小时左右，提示教师在使用信息化工具进行学习任务设计时，应考虑到这一时间因素。

(8) 使用信息化手段进行学习的连贯性

80%的学生选择了多数情况下会中途停下来做与学习无关的事，只有20%的学生表示会一鼓作气，完成学习任务。这说明大多数学生的自我控制力不强。

7.2.2.2 教学策略分析

"兴趣是最好的老师"，教师应联合企业充分开发应用"职教领军网络学习空间"丰富的教学与企业资源，培养学生的学习兴趣。

首先，教师通过讲述课程在未来工作、生活中的重要性及发展前景，帮助学生充分认识学习该课程的意义和价值，激发他们的学习动力。其次，通过创设问题情境，培养学生的问题意识，问题设计要求小而具体、新颖有趣并贴近生活。最后，通过企业现场应用图画、录像等不同形式，激发学生学习兴趣。

7.2.2.3 "传感器技术"课程信息化教学设计

(1) 学习设计

以"传感器技术"课程中一个小模块"数字电子秤的设计"为例，这部分是第一个任务"电阻应变式传感器"中的内容。课程以电阻应变效应引入，通过实验的方式让学生得出论证，巩固所学的知识，拓展应用，提高学生的应用能力及创新意识。要求学生掌握电阻应变片的结构，理解电阻应变式压力传感器的工作原理，分析和设计实际生活中的各类压力应用产品。

本次课学习过程由课前、课堂、课后三个环节组成。其中课前环节包括复习巩固、课前预习；课堂环节包括创设情境、新课引入、合作探究、获取新知、制订计划、实施任务、任务总结、师生评价；课后环节包括知识巩固、任务延伸。

将传统的教学模式——教师单纯讲授，学生单调听讲，教师示范操作，学生简单模仿，改变为能够充分体现学生的主体地位的行动导向教学。在预习部分，将小视频《电子秤》上传到学校 Moodle 平台教学空间，学生观看并在讨论区发表自己的见解，调动学生学习积极性。在引入新课时展示学生上传的观点，提出任务"制作一款简易电子秤"，激发学生兴趣。任务实施过程中运用 Flash 软件模拟电阻应变效应，直观显示导体的机械形变与电阻值变化之间的关系。借助实验视频反映电桥电路的测量原理，突破教学重点，分解教学难点，提升教学效果。最后利用教学空间完成在线测试与评价，及时反馈本节课的学习情况。

（2）活动模块设计

步骤一：课前。

第一，通过回答 Moodle 平台讨论区中上次课问题，检验学生学习掌握情况，并提出疑问，以便教师安排有针对性的教学。如图 7-6 所示。

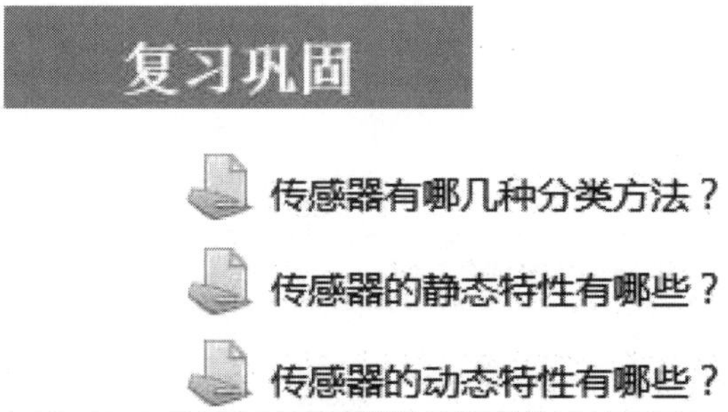

复习巩固

 传感器有哪几种分类方法？

 传感器的静态特性有哪些？

 传感器的动态特性有哪些？

图 7-6 课前作业

第二，创建预习资源，通过开展师生互动，实现教与学前移。如图 7-7 所示。

课前预习

 电子秤小视频

 预习讨论区

图 7-7 课前资源及活动

步骤二：课堂。

第一，展示动画，提出任务。如图 7-8 所示。

图 7-8 课中教学资源

第二，演示实验，讲解概念。如图7-9所示。

图7-9 课中教学资源

第三，讨论分析，企业连线。如图7-10所示。

图7-10 课中实时交流

第四，模拟实验，观察现象。如图7-11所示。

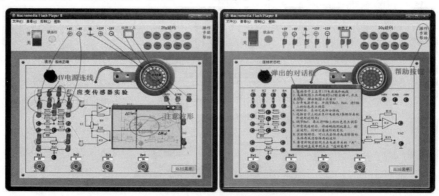

图7-11 课中模拟实验

第五，制订计划，实施任务。如图 7–12 所示。

图 7–12　课中协同学习

第六，总结交流，师生评价。如图 7–13 所示。

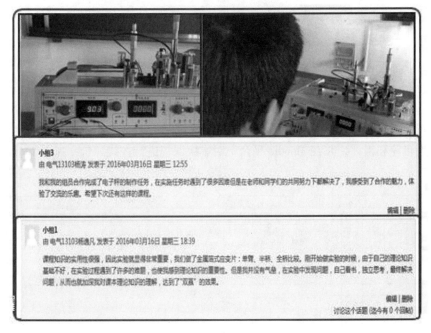

图 7–13　课中总结交流

步骤三：课后。

完成在线测试，并观看视频，拓展提升。如图 7–14 所示。

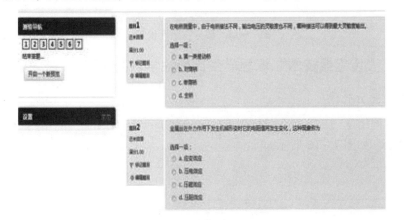

图 7–14　课后任务拓展

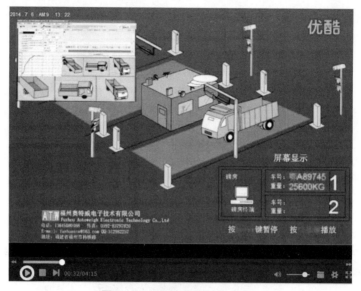

图 7-14 课后任务拓展（续）

（3）评价设计

教师上传评分表，并讲解各个评分标准，指导学生自评和组评，并根据学生和各小组在学习过程的表现、任务的完成情况等给予综合评价，完成师评。各小组根据评分表内容要求，认真填写，开展自评和组评，并在 Moodle 平台上对本次课程进行在线评价。如图 7-15 所示。

姓名：													组别：_____
评估项目	个人评分20%				小组过程评价60%						小组结果评价20%		总评
	团队协作意识	自主学习能力	知识掌握应用	职业素质培养	组织过程的合理性	沟通协调的和谐性	参与程度与责任感	努力程度与纪律性	讨论质量与准确性	任务达成与准确性	语言描述能力	思维创新性	任务完成情况	知识的准确性	
					组长评估（40%）				教师评估（60%）		组长评估（40%）		教师评估（60%）	

图 7-15 部分在线评价表

7.2.2.4 "传感器技术"课程学生自导性学习的实现

（1）网站及用户管理

①登录。在网络学习空间首页 http：//elearning. njevc. edu. cn/，使用用户账号登录，即可进入空间页面。如图 7-16 所示。

上海妙迪仪表有限公司

上海妙迪仪表有限公司是一家集科、工、贸为一体的专业仪器仪表（液位计）公司，致力于工业自动化仪表的开发、生产、销售和技术服务，主要产品为涵盖液位、压力、温度和流量四大热工参数的现场仪表，同时经营其他种类的仪器仪表。产品广泛应用于石油、化工、冶金、电力、环保、食品、制药、船舶等行业。

- 上海妙迪仪表有限公司在线聊天室
- 上海妙迪仪表有限公司讨论区
- 信息发布区

南京世舟分析仪器有限公司

南京世舟分析仪器有限公司，是一家专业从事在线分析仪器研究及其应用的高科技企业。公司拥有一支长期从事在线分析仪

图 7-16　企业空间中的聊天室

②用户管理。单击【设置】—【课程管理】—【用户】—【已选课用户】，如图 7-17 所示。然后单击右上角【加入用户】，搜索共享的教师或任教班级，单击【选课】，如图 7-18 和图 7-19 所示。

图 7-17　用户管理部分界面（1）

图 7-18　用户管理部分界面（2）

图7-19 用户管理部分界面（3）

（2）课程管理

①单击【设置】—【课程管理】—【打开编辑功能】，对平台上的课程内容进行添加或修改，如图7-20所示。

②单击【设置】—【课程管理】—【更改设置】，编辑课程设定，如图7-21所示。

图7-20 课程管理界面

编辑课程设定

▼ 概要

课程全称*	041B105《传感器应用技术》（自动检测与转换技术）2017
课程简称*	传感器应用
课程类别	江苏省南京工程高等职业学校 / 电子工程系
是否可见	显示
课程开始时间	2 六月 2015
课程编号	04049
学校	江苏省南京工程高等职业学校

图 7-21 编辑课程设定

③单击【设置】—【课程管理】—【成绩】，查看所有学生成绩报表，如图 7-22 所示。

评分人报表

所有成员：842/842

名：

所有 A B C D E F G H I J K L M N O P Q R S T U V W X Y Z

姓：

所有 A B C D E F G H I J K L M N O P Q R S T U V W X Y Z

页：1 2 3 4 5 6 7 8 9 （向后）

姓名	Email地址	041B105《传感器应用技术》（自动检测与转换技 什么是传感器？他有哪几部分组成？
焦婕	njgc140110144@qq.com	100.00

图 7-22 评分人报表

④单击【设置】—【课程管理】—【题库】，对题库进行编辑，如图 7-23 所示。

题库

选择一个类别：

默认 传感器应用 (8)

"传感器应用"中共享题目的默认类型。

☐ 在题目列表中显示题干

Search options ▼

☐ 显示子类别的题目

☑ 显示旧题目

新建一道题...

型	试题	创建者 名/姓
☐ 3		⚙ 🔍 ✕ 垫
☐ 4		⚙ 🔍 ✕ 垫
☐ 5		⚙ 🔍 ✕ 垫
☐ 6		⚙ 🔍 ✕ 垫

图 7-23 编辑题库

（3）资源模块的添加

首先单击【设置】—【课程管理】—【打开编辑功能】，再单击课程单元右下角【添加一个活动或资源】，最后勾选资源库中【文件】、【标签】等选项，添加对应的资源模块。如图 7-24 所示。

图 7-24 添加资源模块

（4）活动模块的添加

首先单击【设置】—【课程管理】—【打开编辑功能】，再单击课程单元右下角【添加一个活动或资源】，最后勾选活动中【讨论区】、【聊天室】等选项，添加对应的活动模块。如图7-25所示。

图7-25　添加活动模块

（5）Moodle学习分析工具的应用

①课前活动的实施。复习巩固，课前预习。

②教师活动。布置作业，完成复习，上传电子秤视频到网络教学空间，供学生下载、观看，并引导学生在空间讨论区进行讨论。如图7-26所示。

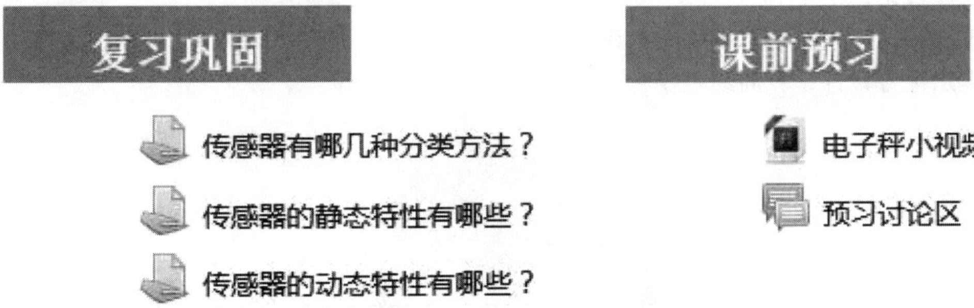

图7-26　课前活动及资源

③学生活动。在Moodle平台上学习本次课教学内容，了解本次课教学任务，完成作业，观看电子秤小视频，并在讨论区交流各自的看法。如图7-27所示。

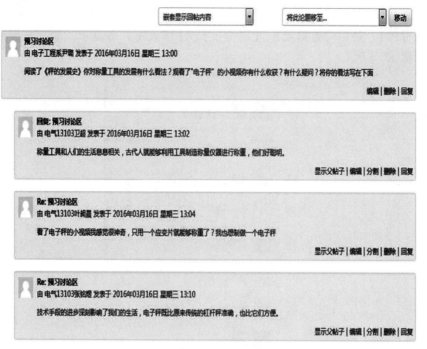

图 7-27 讨论区部分内容

④设计意图。创建预习资源，通过开展师生互动，实现教与学前移；学生在 Moodle 平台上自主学习，复习巩固旧知识，为新知识的掌握做准备；通过课前问题回答，检验学生学习掌握情况，并提出疑问，以便教师安排有针对性的教学。学生通过自主学习初步掌握新知识，带着疑问听课。

7.2.3 课堂活动的实施之一：创设情境，新课引入

（1）教师活动
①点评讨论区学生观点。
②展示动画电子秤称量苹果，如图 7-28 所示。
③提出任务设计一款简易电子秤。

图 7-28 学习资源——创设情境

（2）学生活动
在观看动画的过程中积极思考电子秤的工作过程，明确学习目标。如图 7-29 所示。

图 7-29　学习场景

（3）设计意图
①通过 Moodle 平台了解学生自主学习情况，调整本次课教学安排。
②任务驱动激发学习兴趣和主动性。

7.2.4　课堂活动的实施之二：合作探究，获取新知

7.2.4.1　环节一：电阻的应变效应

（1）教师活动
①教师提问：电子秤中具体哪个元件将非电量转换为电量？（应变片）
②演示实验：导体或半导体在受到外力时为何其电阻值会发生变化？（应变效应）
学习资源如图 7-30 所示。

图 7-30　学习资源——仿真仪器

（2）学生活动
①积极讨论，踊跃发言，回顾预习内容，主动参与课堂教学，回答教师提问。
②观看实验动画演示，认真思考，按照自己的理解交流讨论，得出结论。
（3）设计意图
①实验动画资料真实直观地演示了电阻的应变效应。
②通过学生交流讨论、查看资料，将知识内化吸收，锻炼学生独立思考能力及实验现象的概况表达能力。

7.2.4.2　环节二：应变片的结构

（1）教师活动

①下载：在网络学习空间上上传应变片的图片和 Flash 动画供学生下载学习。

②讨论：引导学生分组讨论应变片的结构类型，得出它们的种类和各自的特点。

③拓展提高：利用网络资源搜索应变片的技术参数，如图 7-31 所示。

④企业连线：与企业专家现场连线，实时解答学生问题。

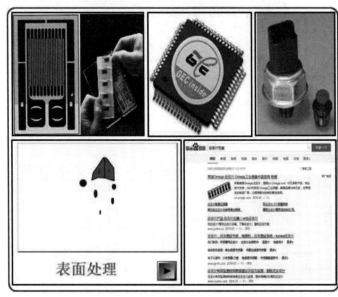

图 7-31　利用网络学习资源

（2）学生活动

①结合网络学习空间上的教学资源，以小组互比的方式加深对知识的理解。

②根据自己的需求，有选择地进行网络资源的搜索与学习。

③连线企业专家，感受理论知识与实际的紧密结合，如图 7-32 所示。

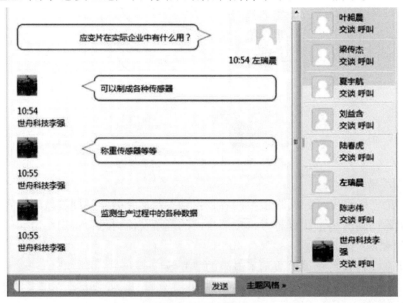

图 7-32　实时交流

（3）设计意图
①丰富的图片和 Flash 动画让学生更乐于接受新知识，分组讨论培养了学生合作探究的能力。
②网络资源的使用让课堂与实际相结合，培养学生自主学习的能力。
③与企业专家连线交流，让千里之外的专家轻松走进课堂，帮助学生解决难题。

7.2.4.3　环节三：测量电路（电桥电路）

（1）教师活动
①教师提问：电阻的应变可以直接指示被测量（质量）的变化吗？电桥起到了什么作用？有哪些工作方式？
②下载：提供直流电桥电路性能实验包供学生学习。
③实验：通过计算机上操作模拟系统模拟单臂桥、双臂桥和全桥特性实验，如图 7-33 所示。
④拓展提高：调零电路的应用。

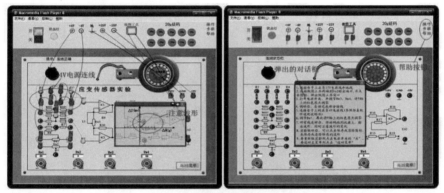

图 7-33　仿真实验

（2）学生活动
思考教师问题，独自完成实验，观察实验现象，归纳实验结果，分析讨论，尝试回答教师的提问。

（3）设计意图
①操作模拟系统辅助学生实验，给学生提供寻求帮助的平台。
②独立操控模拟系统中导线的连接，避免传统教学"一刀切"现象。
③激发学生的探究欲望，培养学生学习能力。

7.2.5　课堂活动的实施之三：制订计划，实施任务

（1）教师活动
①制订计划：根据提出的任务，要求学生认真理解，并制定出合理的方案。教师参与讨论各小组展示的方案，提出修改建议，关注各小组方案中存在的问题和注意事项。
②实施计划：教师提供操作步骤的课件资料和事先录制好的操作步骤视频，引导学生按照步骤一步一步地进行。
③任务检查：教师巡回观察学生实施方案的过程，发现问题及时解决，并做好记录和汇总，上传到网络学习空间。

（2）学生活动
①每个小组交流讨论，查看网络教学资源，多种渠道获取帮助，完善小组方案，如图 7-34 所示。

图 7-34　部分学习场景（1）

②各组根据要求，小组合作完成每步要求。在操作过程中遇到各种问题，小组先讨论，然后请求教师给予指导帮助，如图 7-35 所示。

图 7-35　部分学习场景（2）

③两名学生相互配合，反复测量，观察调试结果，记录实验数据，如图 7-36 所示。

图 7-36　在线填报实验数据

（3）设计意图

①小组合作讨论锻炼学生分析问题的能力，培养沟通交流和团队协作的能力。

②分组练习、实践操作的方式加强学生参与性，提高规范化操作意识，培养良好的职业素养。

③分组完成任务，体验和分享获得感。

7.2.6 课堂活动的实施之四：任务总结，师生评价

（1）教师活动

①总结：教师根据各个小组在执行过程中的完成情况和各小组的成果，进行总结与点评。

②评价：教师上传评分表，并讲解各个评分标准，指导学生自评和组评，并根据学生和各小组在学习过程的表现、任务的完成情况等给予综合评价，完成师评。

（2）学生活动

①学生将自己的实验照片和心得体会上传到网络学习空间，进行成果展示，交流中分享收获，反思中不断进步。

②各小组根据评分表内容要求，认真填写，开展自评和组评，并在 Moodle 平台上对本次课程进行在线评价，如图 7-37 所示。

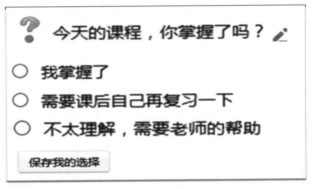

图 7-37 在线评价

（3）设计意图

①评价形式多样化，自评、组评和教师评相结合，过程评价和结果评价相统一。

②多元化的评价有助于教师明确教学工作中需努力的方向，有助于学生提高学习积极性和学习效果。

7.2.7 课后活动的实施之五：知识巩固，任务延伸

（1）教师活动

①完成在线测试，如图 7-38 所示。

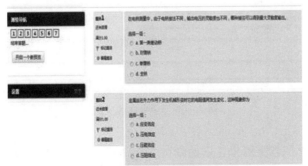

图 7-38 在线测试

②观看视频全自动汽车称重系统仿真演示，如图 7-39 所示。

③拓展提升：电阻式传感器还可以有哪些应用？

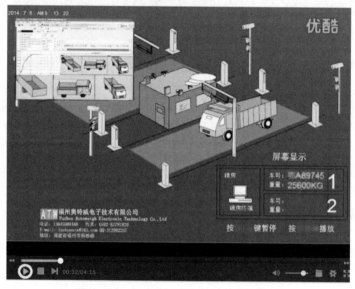

图7-39　全自动汽车称重系统仿真演示

（2）学生活动

①学生完成在线测试巩固学习内容。

②观看视频，在讨论区发表自己的观点，如图7-40所示。

③通过网络资源拓展自己的视野。

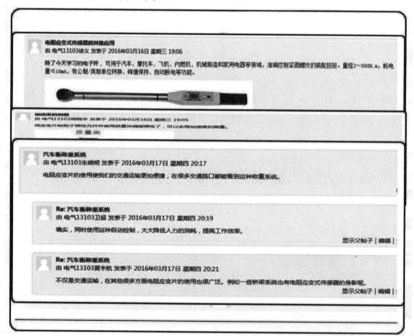

图7-40　学生在线交流

（3）设计意图

①在线测试及时反馈教学效果，以便教师对学生产生的学习偏差进行及时的纠正和有针对性的讲解。

②拓展提升所学内容，实现知识的迁移，培养学生持续学习的能力，发掘学生潜力。

8 网络学习空间建设机制

8.1 网络学习空间共建共享机制

8.1.1 完善系统设计

网络学习空间互联共享的目的是促进数字资源共建共享。在网络空间中，数字资源建设和应用是融合的，资源在教学过程中产生并不断更新，因此数字资源建设规范需要从三个层面来设计。

一是要设计好网络课程框架和基本构成要素。在网络学习空间中，校企合作活动、教育教学活动都是基于网络课程（实践项目、课题、主题活动等在网络学习空间中都以课程的形式呈现）开展的，网络课程框架可根据教学的需要按星期、主题、社区、项目等格式设置，网络课程构成要素主要有活动（Wiki 协作、测验、词汇表、互动评价、教程、聊天、数据库、讨论区、投票、外部工具、问卷调查、作业等）、资源（IMS 内容包、URL、标签、图书、网页、文件、文件夹、试题）、SCORM 课件（视频、动画、传真等任何需要插件支持的资源都按 SCORM 标准打包成通用性资源）、用户、过程数据（成绩、数字勋章、日志等）、工具（课程进度追踪、过滤器、各种分析表）、规则（各项活动的约定）等，资源建设的主线就是课程用户按自己的需求在网络课程中创设和实施各项活动。如图 8-1 所示。

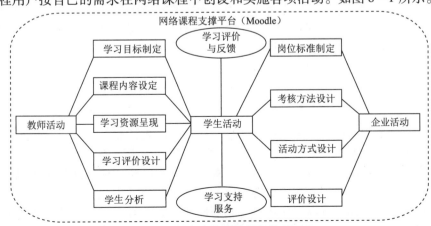

图 8-1 校企合作网络课程构成要素

二是要设计好资源建设的过程。在网络学习空间中资源建设和教学过程是融合的,可以应用生成性学习理论,从学习资源、学习交互工具、情境活动、学习评价四个方面设计资源的建设过程,如图8-2所示。先由课程教学团队基于教学标准和学情分析,按教学单元(项目)做好信息化教学设计。然后由课程负责人在网络学习空间中建立课程框架、分配建设任务,各单元(项目)负责人按信息化教学设计要求设计教学活动、上传教学资源。网络课程建成后,课程共享联盟中的所有教师,都可以应用公共网络课程生成自己的专属课程,并实施个性化的编辑。教师应用自己的课程实施教学,也可以按需要把自己的课程分享给多个教师。在学习过程中各种活动都会生成新的数字资源,新生的资源经审核后进入公共网络课程,实现了资源建设与教学过程的融合,促进了学习资源的动态发展和再生创新。

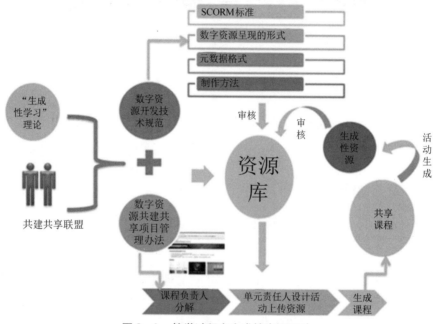

图8-2 教学过程中生成性资源设计

三是要设计好资源的元数据规范。要提高数字资源的共享性、可重用性,需要应用 SCORM 标准对数字资源的属性进行描述,以便对资源进行识别、分类、发现与获取。SCORM 标准定义了丰富的元数据信息,应用内容聚合、内容组织结构、活动、可共享内容对象、微单元等五类元数据信息,再结合具体元素在描述不同层次资源时的三种状态——Mandatory(必备元素)、Optionaltory(可选元素)、Reservetory(保留元素),可设计出数字资源的元数据方案。在网络学习空间中参与主体只要遵循数字资源的元数据方案,应用 SCORM 元数据对资源的内容、主题、关键字、类型、适用对象、获取路径、交互程序、教学方法、技术要求等属性进行描述,就可以帮助用户在网络学习空间中管理、生成、集成、查找、选择、利用、评价和共享数字资源。

8.1.2 支持需求导向

在调查中我们发现,企业希望把招聘信息和岗位要求传递给学生,更希望了解学生真实的技术技能水平、职业素质及对公司的情感;学校希望建设有方案、评价有标准、师生有动力、教学有实效,不重复、不折腾,有创新、有亮点;教师希望网络课程是为自己教学量身打造的,在教学过程中能得到有效的支持与服务。在实际教学中我们发现,学生希望作业和测试中的记忆性知识能通过查询轻松获得,原理性知识有动画、视频或仿真等资源帮助他们理解,能通过讨论、互动评价表述自己的观点,自己的付出能得到公平客观的评价。企业、学校、教师、学生的需求的多样性，以及学生学习基础、学习能力、学习习惯的差异性，要求职业院校的数字资源建设必须面向实际需求，与教学过程融合，在应用中动态发展。

要激发学校、企业、教师、学生应用网络学习空间的主动性和积极性，实现资源建设与教学教程全面融合，需要面向网络学习空间参与主体的需求，明确四项任务，设计四项评价。

结合企业、学校、教师、学生四类用户需求，可设计四项建设任务：

一是企业在网络课程中建设专题并开展活动。企业围绕用工需求，在网络课程中建立员工招聘、员工培训、技术咨询、代工项目、产品介绍、顶岗实习等专题并实施相关活动。

二是课程开发团队建设课程资源库。课程负责人设计课程框架、分解建设任务，各单元负责人在课程框架中设计教学活动、建设教学资源。

三是教师应用网络课程实施教学。教师应用课程资源库生成自己专属课程，并实施个性化的编辑和教学，把教学过程中新生成的资源和活动推送给课程资源库。

四是学生应用网络学习空间参与各项学习活动。学生在教师的指导下完成网络课程中的学习任务，如创设或参与主题研讨、提交作业、开展互动评价、完成调查问卷、撰写心得体会等，或在企业管理或技术人员指导下参与网络课程中的企业活动，如上传作品、参与企业招聘测试、员工培训、产品功能讨论、生产技术讨论等。学生的学习过程信息被网络课程记录，用于学生能力取向分析、评估与服务，学生的学习成果经教师遴选审核后，可推送到课程资源资库。

评价是提升资源建设质量，促进参与主体积极性，保障各方利益的重要环节，可以从企业、教师、学生、项目团队四个层面设计四项评价：

一是学校定期组织师生对企业提供资源的质量、设计活动的针对性、反馈信息的及时性等方面进行评价。学校通过评价确定企业的信用等级，企业获得较高的信用等级才能优先招聘毕业生。

二是网络课程建设项目组（由课程负责人和各单元本模块负责人组成）从教学活动设计的创新性、课程访问量、生成性资源被同行引用率等方面对任课教师的个人网络课程进行评价并给予奖励。

三是任课教师把学生在学习活动中生成的资源推送给课程资源库，课程项目组从创新性、实用性、规范性等方面对资源进行评级，并对提供优质资源的师生进行奖励。

四是专家、企业、教师、学生对课程资源库（以标准化网络课程的形式呈现）的总体设计及各单元模块的教学设计、资源质量进行评价，项目组根据评价结果动态调整项目组成员的组成和相关单元模块的负责人。网络学习空间支撑平台记录参与者的所有活动信息，大数据分析也为各项评价活动提供了较为客观的参考依据。

通过推动网络学习空间的广泛持续使用，避免资源的重复建设而造成人力、财力的浪费。电气技术应用专业全国共建共享联盟内的成员单位还能发挥互补、协同、集成、融合的优势，共同推进优质资源的共建共享。

8.1.3 遵循资源生成原则

网络学习空间是汇聚共享数字资源，衔接建设与应用的重要载体。由于职业教育的特殊性，教与学的互动过程中、虚拟学习联盟的交流中，都会形成大量的生成性资源。为此，要按照若干原则生成与应用这些资源，才可能最大限度实现资源的集约共享，推动资源建设与使用良性互动，形成面向课堂、面向教学、面向师生的资源服务云模式。

（1）开放性原则

共建共享的开放性表现在面向全部学校，即每个学校共享自己的优质资源，打破学校、地域间的壁垒；面向全社会，即吸引非教育部门和大众的参与，如科研所、博物馆、科技馆、图书馆、出版社、非教育技术企业等；面向全球，即使用全球范围内的（免费）优质资源，不重复开发（如Wise, Knilt）；面向各种技术平台和资源类型（如课件、教案、学生作品、汇报、教学日志等的共享），便于整合；免费（或低价）。职业教育数字资源的共享可以采取多种形式，最重要的是共享机制的实现。

（2）可持续性原则

提升职业院校网络学习空间整体应用水平，避免孤立、短命的开发立项，彻底消除信息孤岛。资源采集采取分布性；资源建设要吸收用户参与；资源的共享在使用中生成用户评价和推荐，在使用中评估教育要素和数据共享。

（3）创新性原则

以新型资源支持创新学习，将资源的创新性建设与共享作为开发和研究的重点，支持学生学习，支持教师学习。通过资源共建共享，教师能够基于探究，成为共同学习者和合作思想家；学生能够了解、分析各自在各学科领域的学习理解和进展结构，为知识建构搭建支架；在创新性原则的指导下，师生能够增进对资源生成与应用的理解和实践，推动教师的专业成长与学生的全面发展。

（4）合法性原则

合法性涉及版权、个人隐私及内容分级。在职业教育数字资源建设中应严格遵守版权法规，对版权的使用应持谨慎态度。对于优质资源，可以采取购买版权的方式。如果经费紧张，还可以使用自由版权等。随着信息技术的发展，以及我国职业教育改革的逐渐深入，职业教育数字资源建设方式、手段必将不断丰富，数字资源建设的步伐也将持续加快。

8.1.4 促进资源均衡共建

职业院校网络学习空间数字资源的建设与共享需要关注并应用云计算和大数据等核心关键技术。基于大数据进行数据挖掘与学习分析，以云计算为架构，平台集中管理，资源共建共享，摒弃信息孤岛，形成教育大数据，对其进行收集、分析和整理，推测出更精确的数据，为因材施教、个性化学习提供支撑。围绕创新人才培养开展大规模在线开放性研究性学习平台建设，构筑智慧教育核心组件，为未来大数据挖掘和完善服务体系提供技术支持和资源保障。

云的核心特征是资源共享、弹性计算、自服务、普适性和基于应用定价；私有云、公共云和混合云是云部署的三种常见形态。应用云计算可以提高网络学习空间数字资源的整合力度，降低资源建设的基础设施费用和运营成本。这一过程需要经历构建云环境、管理和整合云环境以及传输云服务三个环节。最终目的是汇聚最佳云解决方案，帮助组织获得信息资源服务，真正实现职业教育信息网络的互联互通，提高资源的利用效益和安全稳定性。

大数据的主要价值在于帮助人们做一些现实中不可能做到的事情。例如在网络课程共享时采用"数据分析成熟度"的模型，将数据分析的成熟度定义为数据采集和基本分析、数据整合和统一、业务报告和分析、预测分析和认知分析五层，这五层呈现出上小下大的金字塔形状。这五层的目的就是从各种各样的数据类型中萃取有价值的内容，通过分析共享资源的用户行为及其应用数据，能够预测其未来应用走向，从而实现资源服务的主动推送，更大限度地发挥资源效益。大数据所展现出的惊人的分析和预测作用，能够推动电气专业精品课程资源的有效应用。

8.1.5 构建资源共享机制

要在网络学习空间中实现资源共建共享，就必须建立相应的机制。教学资源共建共享机制包括技术支撑系统、共建共享方式、组织管理机制、保障机制、测评与激励机制5个方面。

8.1.5.1 技术支撑系统

教学资源共建共享机制的有效运行离不开专业的技术的支撑，技术支撑系统主要由共建共享联盟成员网络学习空间互通、联盟模型、联盟数据规范标准等构成。

（1）联盟成员网络学习空间互通

职业院校数字资源共建共享，必须建立开放性网络学习空间和统一的数据标准。Moodle 是一个开源课程管理系统（CMS），应用 Moodle 平台的开放源代码设计职业院校"网络学习空间"支撑平台，可以突破软件公司的技术壁垒，方便职业院校建立校本免费开放的网络学习空间，并实现校际网络学习空间的互通互联。

（2）联盟模型

近年来，人们在数字资源共建共享的研究与实践过程中建立了许多切实可行的模型，而针对当前职业院校共建共享联盟内数字资源共建共享的现状及特点，基于网络学习空间的数字资源共建共享模型将能有效发挥作用，如图 8-3 所示。

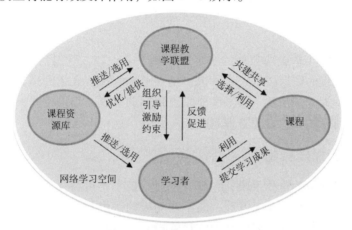

图 8-3　网络学习空间中数字资源共建共享模型

（3）数据规范标准

数字资源建设标准是实现联盟内数字资源共享的基础。符合 SCORM 标准的学习内容对象具有高水平的可访问性、适应性、可承受性、持久性、互操作、重用性等。应用 SCORM 标准设计数字资源元数据格式，可以保证在网络学习空间中所有方式创建的资源均具有统一的标准，实现不同学习者之间的数据通信与交换，从而可以在网络学习空间中以课程为纽带组成学习联盟，实施网络课程共建共享。

8.1.5.2　共建共享方式

联盟要实现自己的目标，除了成熟的技术支撑，还离不开适合自身条件的共建共享方式。

（1）协商合作与共同建设

联盟内各职业院校由于自身的人力、物力、财力的制约，无法单独依赖各自的力量来建设专业全部核心课程的数字资源。因此联盟内各职业院校应加强相互间的协商与合作，举众之力，共同建设专业核心课程资源，只能这样才能真正实现联盟内的资源共建。

（2）共享资源并有偿使用

联盟资源建设的最终目的是实现联盟内部资源的共享，因此联盟必须采取切实措施来保证共建的资源达到真正意义上的共享。同时，由于联盟内各职业院校在资源建设过程中的贡献不同，为了保证联盟内各资源拥有者建设共享资源的积极性，在资源共享的过程中，应该采取共同出资的原则，并制定相应的制度，为联盟的可持续发展提供保障。

8.1.5.3 组织管理机制

(1) 建立并完善联盟组织管理机制

当前,职业院校专业资源共建共享联盟可以依托网络学习空间实施资源共建共享。但要使网络学习空间真正发挥其应有的功能,就必须建立起相应的组织机制,为联盟实施资源共建共享提供组织保障,从而实现精品课程资源建设持续发展。如图8-4所示。

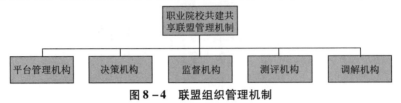

图8-4 联盟组织管理机制

(2) 构造联盟人力资源氛围

职业院校资源共建共享成功与否的决定因素是专业人才,既包括贯穿于数字资源建设、维护、开发等整个过程的信息技术人才,也包括在资源管理、人才管理、组织管理等过程中发挥决定作用的管理人才。因此,为了保证联盟目标的实现,必须建立一支高素质的人才队伍,并制定相应的科学的人力资源管理制度。

8.1.5.4 联盟保障机制

法律法规是机制保障的重要手段,它具有绝对权威和不可替代的作用。当前,职业院校教学资源共建共享联盟要得到长足发展,离不开相应的法规及制度的保障。作为以专业为纽带的职业院校数字资源共建共享联盟来说,尽管没有制定相应法律法规的权力,却可以通过自身的努力,促进相应法律法规的修改和更新;同时,也能通过自身的努力,在行业内构筑具有自律力的内部规范。

8.1.5.5 测评与激励机制

(1) 促进成本分担和利益分配均衡

联盟成立及运作离不开资金,因此资金是精品课程资源共建共享过程中影响最大的因素,包含在联盟建设过程中的资金投入及运行过程的资金投入。在数字资源共建共享过程中,个体效益最大化是联盟的建设目标;但在资源建设过程中,为了追求个体利益最大化就可能存在成员的成本分担与利益分配不均的现象,从而制约了联盟在数字资源共建共享中的作用。因此,在联盟建设过程中应有相应的机制来保证联盟成员的成本分担和利益分配。

(2) 构建联盟测评和激励机制

要使联盟发挥最大的效益,必须构建联盟相应的测评和激励机制。联盟的成员组成和机构的设置是否合理有效,必须进行相关的测评,通过测评联盟各项客观指标的实现程度,客观评价联盟的运行状况,并根据测评结果对不满意的项目进行有针对性的调整,使联盟达到预期目标。因此,联盟应构建相应的测评机制并保证其正常运作;除此之外,还应建立与测评机制相配套的激励机制来保障联盟的可持续发展。

8.2 数字资源共建共享实例
——以电气技术应用专业为例

2012年3月至2015年12月，职业院校电气技术专业数字资源共建共享联盟建成电气技术应用专业10门网络课程、1519个多媒体课件、57个实训教学方案、65个教学案例、45套试卷、6套技能竞赛方案、4105道试题，并形成了一套行之有效的技术规范。如图8-5所示。

图8-5 电气技术应用专业共建共享联盟专题

8.2.1 数字资源共建共享通用技术要求

8.2.1.1 积件

积件是共建共享计划精品课程资源项目成果资源的主体形式，是为了达到讲解知识点而由网页及相关技术形成的独立集合。每一个积件类似一个积木块，在开发普通网络课程和SCORM标准网络课程过程中，课题组可任意选择积件，组装成不同形式和版本的网络课程，如图8-6所示。

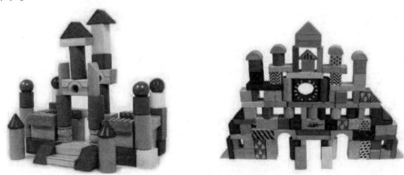

图8-6 积件的物理参考模型

SCORM标准网络课件在每个积件入口的网页文件中嵌入与服务器端网络教学平台相应的通信脚本，从而让网络教学平台能"感知"到学习者的学习，记录学习时间和学习成绩，实现学习追踪和形成性评价。教师在遵循SCORM标准的网络教学平台上，根据实际的教学要求可以再次选择积件,组装成自己的网络课程。

每个积件有且只有一个独立的主文件夹,主文件夹可包含若干文件或子文件夹。在每个积件的主文件夹下必须有一个网页型的入口文件,文件名一般为 index.html,积件内部的其他文件均通过该入口文件链接调用,并且禁止调用主文件夹以外的其他任何文件。积件全部为静态网页或客户端脚本文件,各种媒体素材文件在网页中链接播放。

注意:积件中所有的文件夹和文件命名均为英文、数字和下划线组成,严禁出现中文或者其他字符。

8.2.1.2 专业课程资源种类及要求

(1) 需要开发的课程

已建设专业须补齐未开发专业基础课和专业课,并且按本技术规范的要求对已开发课程进行优化升级。新增加的专业须选择 6~10 门专业基础课和专业课进行开发。如图 8-7 所示。

每门课程建设的资源种类

图 8-7 专业课程资源种类

(2) 专业人才培养方案

由共建共享联盟组长组织成员单位开展指导性人才培养方案制定调研,对各校已有专业人才培养方案进行分析和梳理,按教育部的专业教学标准进行优化,形成对各校有指导意义的人才培养方案。如图 8-8 所示。

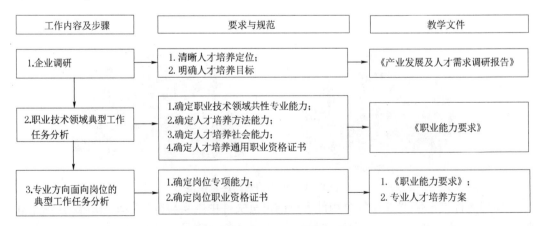

图 8-8 人才培养方案制定流程

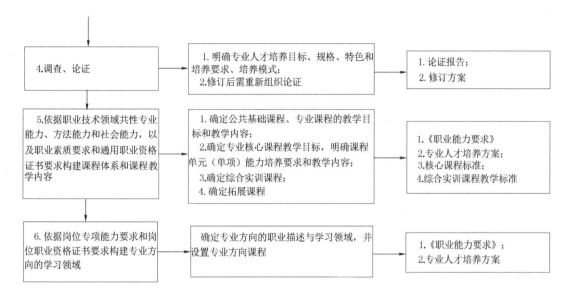

图8-8 人才培养方案制定流程（续）

（3）课程教学大纲

由共建共享联盟组长以课程为单位遴选课程负责人，由课程负责人组建课程教学团队，基于指导性人才培养方案制定各门专业课程的教学大纲。

（4）知识点积件

以知识点为单位，每门课程根据课程教学大纲开发相对独立完整的知识点积件，积件数量控制在100～300个，积件内容设计要合理，互动性强。如果有办学类型不同和适用地域不同等问题，需要编写不同的版本。所有专业课程按积件的技术规范要求开发和调整知识点积件，并与课程教学大纲中的"课程教学内容和及教学安排"一致；对已建设的课程需要调整的知识点积件可进行删除、合并、拆分和增加等操作。知识点积件要兼容 IE7 以上版本和 Firefox 等主流浏览器，页面统一编码格式为 UTF-8。页面代码引用的文件名必须和实际的文件名英文大小写一致，例如页面引用一张图片文件为 001.jpg，实际的文件名不能写为 001.JPG。如图8-9所示。

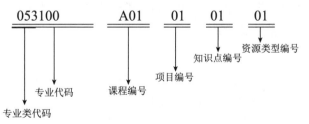

图8-9 知识点积件命名格式

在每个知识点积件的标题栏上标注是否为教学重点和难点，其中重点和难点可以重合。尽量增加以动画、三维、思维导图和视频等多媒体技术方式展现对知识点的辅助讲解，并且不使用链接的方式调用和运行外部的多媒体文件。每个知识点积件都必须带有"课后测试"功能，该功能严禁静态展示，需要使用 Flash 和 JavaScript 等技术，与学习者产生互动效果。

设计知识点积件时不能使用具有侵犯其他组织或者个人版权的教学内容。

（5）PPT 文件

原则上为每个知识点积件配套一个 PPT 文件作为教师编写课堂教学用 PPT 的素材文件，每个 PPT 文件须按照积件知识点内容展开，做到层次清晰，繁简得当，图文并茂，界面美观。文件命名方式为：第＊＊章－第＊＊节－＊＊＊＊＊＊，或项目＊＊－任务＊＊－＊＊＊，或模块＊＊－任务＊＊－＊＊＊。并且每个 PPT 文件制作时不调用外部文件。

（6）测试练习题

原则上为每门课程设计 150～300 道测试练习题，测试练习题尽量覆盖到学科内容的各个方面。

（7）共享性网络课程

每门课程开发一个满足课程教学需要的静态网络课程，如果有办学类型不同和适用地域不同等问题，需要开发不同的版本。页面的设计风格和样式要求美观大方，突出专业课程特色，呈现形式新颖，栏目内容丰富，界面互动性强。开发网络课程时不能使用具有侵犯其他组织或者个人版权的教学内容，并且兼容 IE7 以上版本和 Firefox 等主流浏览器，页面统一编码格式为：UTF－8。页面代码引用的文件名必须和实际的文件名英文大小写要一致，例如页面引用一张图片文件为 001.jpg，实际的文件名不能写为 001.JPG。

（8）SCORM 标准网络课程

由专业共建共享联盟组长、课程负责人根据专业特点使用已开发的知识点积件组装不同版本的网络课程。不同版本的网络课程可以被不同办学类型、不同地区的学校直接使用，也可以由使用者直接通过网络课件管理平台定制修改、重新组装成个性化的网络课程。该课程须满足 SCORM2004 版本的相关要求。

（9）多媒体微课件

为满足教师使用其他教学平台组织课程的需要，专业共建共享联盟须收集和整理知识点积件中使用的动画、三维、思维导图和视频等多媒体文件，专业共建共享联盟也可以新开发知识点积件以外的多媒体教学元件。文件名为该课件内容的标准名称，严禁随意命名。

（10）通用主题素材

专业共建共享联盟须收集或开发与本专业相关的格式合格、数量足够、质量达标的行业标准、实训项目、教学案例、考核试题、竞赛方案。以 Word、Excel、PDF 等文档方式作为成果，对每个素材源文档按信息化工作委员会统一提供的元数据标注工具标注元数据，以便在通用主题素材库资源管理平台上导入/导出，进行检索、查询、浏览和下载使用。文件名为该素材内容的标准名称，严禁随意命名。

（11）仿真实训软件

专业共建共享联盟结合本专业实际，根据教学需要和实际资金情况开发或收购具有职业教育特点的单机版或独立网络版的仿真实训软件。

8.2.2 建设任务

8.2.2.1 课程资源建设主要内容

①课程教学大纲。按专业共建共享联盟提供的案例完成本课程教学大纲修订。

②知识点积件。各专业课程对已有知识点积件进行修订,对教学过程中生成的资源按技术规范进行封装;每门专业课程知识点积件为 100～300 个。

③PPT 文档。对本课程已有知识点 PPT 文档进行修订;结合专业发展和教学过程中生成的资源,每期新建 20～30 个 PPT 文档,保证每个知识点积件都有一个相应的 PPT 文档。PPT 文档也可作为知识点积件的附件。

④测试练习题。对本课程已有的试题进行整理和补充,试题和知识点积件相对应,每个知识点有 3～10 道测试题,1 道测试题可以对应多个知识点。

⑤行业标准文档。收集与本课程相关的所有行业标准文档。

⑥实训项目方案。对本课程已有的实训项目方案进行修订,结合专业发展和教学需求,每期应新编 2～3 个实训项目。

⑦教学案例文档。对本课程已有的教学案例进行修订,结合专业发展和教学需求,每期新编 2～3 个教学案例。

⑧考试考核试题样卷。对本课程已有的样本试卷进行修订,每期编制 2～3 份新的测试样卷。

⑨技能竞赛方案。应编制 1～2 个技能大赛方案。

8.2.2.2 课程资源建设任务安排

按教学大纲和知识点积件的性质确定知识点,知识点内容可以通过文字、图片、动画、视频、仿真等载体展示。如表 8-1 所示。

表 8-1 知识点积件开发任务安排表样例

原课题编号	新编号	知识点名称	设计者	PPT	动画	图片	视频	仿真	选择题	判断题
	课题编号_ 课程编号_ 章编号_ 节编号_ 知识点编号									
01	ZYKC201126_ A10_ 01_ 01	关于课程								
02	ZYKC201126_ A10_ 01_ 02	低配电基本知识								
0205	ZYKC201126_ A10_ 01_ 02_ 05	小接地电流系统	陈*	✓		✓				
	ZYKC201126_ A10_ 01_ 02_ 06	大接地电流系统	陈*	✓		✓			1	2
0206	ZYKC201126_ A10_ 01_ 02_ 07	低压配电系统接地运行方式	陈*	✓		✓			1	2
03	ZYKC201126_ A10_ 01_ 03	常用电气设备								
0308	ZYKC201126_ A10_ 01_ 03_ 08	电压互感器	王*	✓		✓	✓		2	2

知识点积件的修订与设计由子课程负责人分配给参研教师，课程负责人还应指定专人对知识点积件进行审核。

PPT、试题脚本由相应的积件设计者负责编写。

教学大纲、行业标准文档、实训项目方案、教学案例文档、考试考核试题、技能竞赛方案等通用素材由课程团队完成。

8.2.3 积件脚本编写要求及案例

（1）以文本为主要内容的积件脚本编写（如表8－2所示）

表8－2 以文本为主要内容的积件制作脚本案例

专业名称	电气技术应用	课程名称	供配电
知识点编号及名称	ZYKC201126_A10_01_04_01 电力负荷基本知识		
制作说明			

1. 在"1、电力负荷的分级及对供电电源的要求（2）二级负荷对供电电源的要求"第三行多了一个段落分隔符。

2. 在"2、电力负荷的分类（3）断续周期工作制"公式错误，符号丢失。详见下图。

式中 T——工作周期；
t——工作周期内的工作时间；
t_0——工作周期内的停歇时间。

断续周期工作制设备的额定容量(铭牌功率) P_N，是对应于某一标称负荷持续率 ε_N 的。如果实际运行的负荷持续率 $\varepsilon \neq \varepsilon_N$，则实际容量 P_e 应按同一周期内等效发热条件进行换算。由于电流通过电阻R的设备在时间 t 内产生的热量为 Q，因此在设备产生相同热量的条件下，$I \propto 1/\sqrt{t}$；而在同一电压下，设备容量 $P \propto I$；又由式1知，同一周期 T 的负荷持续率 $\varepsilon \propto t$。因此 $P \propto 1/\sqrt{\varepsilon}$，即设备容量与负荷持续率的平方根值成反比。由此可知，如果设备在 ε_N 下的容量为 P_N，则换算到实际 ε 下的容量 P_e 为：

$$P_e = P_N \sqrt{\frac{\varepsilon_N}{\varepsilon}}$$

（2）以动画为主要内容的积件脚本编写（如表 8-3 所示）

表 8-3　以动画为主要内容的积件制作脚本

专业名称	电气技术应用	课程名称	电机与拖动技术
知识点编号及名称	ZYKC201126_ A01_ 02_ 03_ 09 三相异步电机拆分			
制作说明			

一、网页制作要求

1. 在网页中播放三相异步电机拆分过程的 3D 动画。
2. 播放要求：具有常用 3D 动画播放器的操作功能，动画界面水平居中，动画上方标题名称为"三相异步电机拆分"。

二、动画制作脚本

1. 三相异步电机拆分过程的 3D 动画制作说明。
2. 拆装顺序如下图所示。

第一步：拆卸风罩；
第二步：拆卸风扇；
第三步：拆卸前轴承外盖；
第四步：拆卸前端盖；
第五步：拆卸后轴承外盖；
第六步：拆卸后端盖；
第七步：拆卸转子；
第八步：拆卸前轴承；
第九步：拆卸前轴承内盖；
第十步：拆卸后轴承。

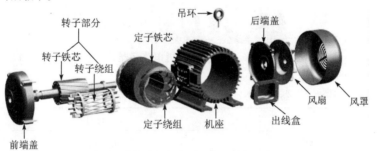

三相笼型感应电机的主要部件拆分图

3. 配音要求：根据拆装过程，要求配用相同语音注释。

（3）以仿真为主要内容的积件脚本编写（如表8-4所示）

表8-4 以仿真为主要内容的积件制作脚本

专业名称	电气技术应用	课程名称	电机与拖动技术
知识点编号及名称	ZYKC201126_ A01_ 02_ 03_ 09 自动控制往返电路元器件识别			
制作说明				

一、网页制作要求

1. 在网页中运行自动控制往返电路元器件识别仿真软件，并实现所有仿真操作。

2. 仿真软件界面在网页中水平居中，图上方写仿真软件的标题，图下方写仿真软件的功能。如图1所示。将鼠标放到原理图中的器件符号上查看器件名称和作用。

仿真软件界面

图1 自动控制往返电路元器件识别

二、仿真软件制作脚本

1. 提供清晰的用于制作仿真软件界面的图片（图片除了放到脚本的相应位置，也要提供原图文件，放在脚本文件的同一个文件夹下，文件名与脚本中图片名称一致），如图2所示。

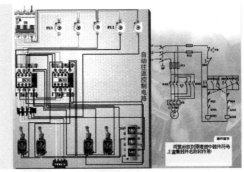

图2 自动控制往返电路元器件

2. 写出详细的操作功能。

当鼠标在电路图上移动，元器件实物显示放大，下方显示元器件名称、符号与作用，如下表所示。

名称	符号	作用
空气断路器	QF	电源引入
熔断器	FU1	主电路短路保护
	FU2	控制电路短路保护
交流接触器	KM1	控制电动机 M1 正转（上升）电路通断
	KM2	控制电动机 M1 反转（下降）电路通断
热继电器	FR	对电动机进行过载保护
行程开关	SQ1	电动机 M1 左移的极限保护
	SQ2	电动机 M1 上升的极限保护
	SQ3	电动机 M1 右移的极限保护
	SQ4	电动机 M1 下降的极限保护

(4) 以视频为主要内容的积件脚本编写（如表 8-5 所示）

表 8-5　以视频为主要内容的积件制作脚本

专业名称	电气技术应用	课程名称	电机与拖动技术
知识点编号及名称	ZYKC201126_ A01_ 01_ 03_ 09 三相异步电机正反转电路交流接触器安装			
制作说明			

1. 在网页中播三相异步电机正反转电路交流接触器安装（视频文件名：＊＊＊＊）。
2. 视频播放要求：具有常用视频播放器的操作功能。
3. 视频处理要求：
(1) 清除视频中的噪声，剪去视频中冗余部分。
(2) 视频界面在网页中水平居中，视频界面上方写视频的标题"三相异步电机正反转电路交流接触器安装"，视频界面下方写视频的说明：
首先，KM1 的进线端 1 接到 KM2 的进线端 3；
其次，KM1 的进线端 2 接到 KM2 的进线端 2；
KM1 的进线端 3 接到 KM2 的进线端 1。
KM2 的出线端 1 接到 KM1 的出线端 1；
KM2 的出线端 2 接到 KM1 的出线端 2；
最后，KM2 的出线端 3 接到 KM1 的出线端 3。
这样就完成了交流接触器正反转的接线。

(5) 以图片为主要内容的积件脚本编写（如表 8-6 所示）

表 8-6　以图片为主要内容的积件网页制作脚本

专业名称	电气技术应用	课程名称	供配电
知识点编号及名称	ZYKC201126_ A10_ 01_ 03_ 06 变压器的安装			
制作说明			

1. 在网页中插入变压器的安装图（文件名：＊＊＊＊＊＊，＊＊＊＊＊，…，可以是一组图片）。
2. 典型的杆上配电变压器安装过程：
(1) 安装杆上配变支撑托架。
插入图片："…图片/台架变安装 001. JPG"。
插入图片："…图片/台架变安装 002. JPG"。
(2) 安装高压侧避雷器。
插入图片："…图片/台架变安装 003. JPG"。
(3) 安装高压侧跌落式熔断器及瓷横担绝缘子。
插入图片："…图片/台架变安装 004. JPG"。
(4) 安装起重机吊杆。
插入图片："…图片/台架变安装 005. JPG"。
(5) 吊杆至已开挖好的杆坑。
插入图片："…0306 变压器的安装与维护/图片/台架变安装 006. JPG"。
(6) 安装跌落式熔断器引下线。
插入图片："…图片/台架变安装 007. JPG"。
插入图片："…图片/台架变安装 008. JPG"。

续表

专业名称	电气技术应用	课程名称	供配电
知识点编号及名称	ZYKC201126_ A10_ 01_ 03_ 06 变压器的安装		
制作说明			

（7）安装另一杆的变压器台架。

插入图片："…图片/台架变安装 009. JPG"。

（8）安装杆上配电箱。

插入图片："…图片/台架变安装 010. JPG"。

（9）安装变压器台架槽钢。

插入图片："…图片/台架变安装 011. JPG"。

（10）吊装变压器。

插入图片："…图片/台架变安装 012. JPG"。

（11）安装配变高低压侧引线。

插入图片："…图片/台架变安装 013. JPG"。

（12）安装杆上变压器接地装置。

插入图片："…图片/台架变安装 014. JPG"。

（13）安装完成。

插入图片："…图片/台架变安装 015. JPG"。

3. 图片处理要求：对图片进行美化处理。

（6）试题制作脚本编写（如表 8-7 所示）

表 8-7　试题脚本编写要求及案例

专业名称	电气技术应用	课程名称	供配电技术
试题类型	单项选择		

1. 电力负荷中根据其对供电可靠性的要求及中断供电造成的损失或影响的程度分为（　）级。

A. 1 级　　　B. 2 级　　　C. 3 级　　　D. 4 级

试题答案：C

对应知识点：ZYKC201126_ A10_ 01_ 04_ 01 电力负荷基本知识

关键字：电力负荷

难度：低

分值：1 分

试题解析：电力负荷，按 GB 50052—1995《供配电系统设计规范》规定，根据其对供电可靠性的要求及中断供电造成的损失或影响的程度分为 3 级。

即时反馈：回答正确，给出正确提示；回答错误，给出错误提示，并给出试题解析。

作者、单位、联系方式：

续表

试题类型	判断题

1. 一级负荷必须采用两路独立电源供电。（   ）

   试题答案：√

   对应知识点：ZYKC201126_ A10_ 01_ 04_ 01 电力负荷基本知识

   关　键　字：电力负荷

   难　　　度：低

   分　　　值：1分

   试题解析：对于一级负荷必须考虑有两路独立电源供电，发生事故时，在继电保护装置正确动作的情况下，两路电源不会同时丢失或失去一路电源，在允许的时间内第二路电源自动投入。

   即时反馈：回答正确，给出正确提示；回答错误，给出错误提示，并给出试题解析。

   作者、单位、联系方式：

2. 二级负荷当采用电缆线路时，必须采用两根电缆并列供电，每根电缆应能承受全部二级负荷。（   ）

   试题答案：√

   对应知识点：ZYKC201126_ A10_ 01_ 04_ 01 电力负荷基本知识

   关　键　字：电力负荷

   难　　　度：低

   分　　　值：2分

   试题解析：二级负荷当采用电缆线路时，必须采用两根电缆并列供电，每根电缆应能承受全部二级负荷。

   即时反馈：回答正确，给出正确提示；回答错误，给出错误提示，并给出试题解析。

   作者、单位、联系方式：

注：1. 每个知识点都不少于3道试题，1道试题可以对应多个知识点。

　　2. 负责对所有试题审核，保证试题不重复及试题的科学性。审核和统稿人员可以有多人。如一个成员学校负责多个知识点开发，按样稿格式在试题后注明对应的知识点，把所有试题汇总成一个试题制作脚本后给子课题负责人。

　　3. 难度系数分低、中、高三等。

　　4. 试题类型分选择题、填空题、判断题等，难度系数低的题目设1~2分，难度系数中和高的题目设2~4分。答案需要用文字或图形表述的问答题，分值一般为5~10分。

　　5. 试题解析必须写，如果是问答题试题解析可以同答案。

　　6. 学生做练习提交答案后应能得到反馈信息。

8.2.4　元数据标注要求及案例

为便于课件检索和管理，需对每个知识点做元数据信息描述，主要在积件脚本和资源建设任务分表中填写。

8.2.4.1 元数据信息

（1）SCORM 知识点元数据（如图 8-10 所示）

SCORM知识点元数据

属性值(英文)	属性值名称	约束性	描述
Identifier	标识符	M	学习对象的标号，该标号全球唯一
Title	标题	M	学习对象的名称
Language	语种	M	同目标用户交流时学习对象所主要使用的人类语言，填写常用语言：中文、英语、法语、日语、德语、俄语、西班牙语、葡萄牙语、韩语、其他
Description	描述	M	对学习内容的文本描述
specialtyType	专业大类	M	知识点所属的专业大类，见"2010中职专业目录 专业大类和具体专业分类码表"
Specialty	所属专业	M	知识点所属专业，见"2010中职专业目录 专业大类和具体专业分类码表"
Keyword	关键字	M	描述学习对象主题的关键，字或短语
Coverage	覆盖范围	O	学习对象所涉及的时间，文化和地理区域
Contribute	贡献者	O	在学习对象的生存周期中为其发展做出贡献（如：创建、编辑、发行等）的实体（人或组织）
Entity	实体（贡献单位）	O	对学习对象做出贡献的实体（人或组织）的标识及相关信息。相关程度越高的实体越先列出
Date	贡献日期	M	贡献者做出贡献的日期
Requirement	要求	O	使用学习对象所需要的技术要求
OtherPlatformRequirements	其它平台要求	O	其它关于软件和硬件的需求信息
Duration	持续时间	O	在指定的速度下连续运行学习对象所需要的时间
InteractivityType	交互类型	O	学习对象支持的互动形态。Active主动型，expositive解说型，mixed混合型
LearningResourceType	学习资源类型	M	取值范围：文本素材、图形/图像素材、音频素材、视频素材、动画素材、其它素材、试题素材、试卷素材、教学课件、PPT课件、教学案例、常见问题、资源目录索引、网络课程
InteractivityLevel	交互程度	O	学习对象的交互程度。这里的交互是指学习者对学习对象的行为或其他方面所产生的影响程度。very low低低，low低，medium中，high高，very h很高
Context	适用对象	O	使用学习对象的主要情境。幼儿教育，初等教育
Difficulty	难度	O	对于典型的目标用户来说学习的难度
TypicalLearningTime	典型学习时间	O	对于典型的目标用户来说，使用该学习对象一般所大约所需要的时间
copyrightAndOtherRestrictions	版权和限制	O	使用学习对象是否有版权问题和其他限制条件，是和否
IntendedEndUserRole	终端用户类型	O	该学习对象的主要用户，teacher教师，author作者，learner学习者，manager管理者
Region	适用地区	O	资源适用的行政区域
TypeOfSchool	适用学校类型	O	幼儿、小学、普通中专、职业高中、成人中专、技工学校、初中、高中、高职高专、大学本科、硕士、博士
EducationLevels	适用学历层次	O	幼儿、小学、初中、普通高中、职业高中、中专、高职、本科、硕士、博士
Course	适应课程	O	此知识点适用的课程名称

图 8-10 SCORM 知识点元数据（部分）

（2）SCORM 课程包元数据（如图 8-11 所示）

SCORM课程包元数据

属性值(英文)	属性值名称	约束性	描述
Identifier	标识符	M	课程包的标号，该标识符全球唯一
Title	标题	M	课程包的名称
Language	语种	M	同目标用户交流时学习对象所主要使用的人类语言。填写常用语言：中文、英语、法语、日语、德语、俄语、西班牙语、葡萄牙语、韩语、其他
Description	描述	M	对课程包内容的简单描述
specialtyType	专业大类	M	SCORM课程所属的专业大类，见"2010中职专业目录 专业大类和具体专业分类码表"
Specialty	所属专业	M	SCORM课程所属专业，见"2010中职专业目录 专业大类和具体专业分类码表"
Contribute	贡献者	M	对课程包做出贡献的人
Entity	实体（贡献单位）	M	对课程包做出贡献的实体
Keyword	关键字	M	描述课程包主题的关键，字或短语
Date	贡献日期	M	贡献者做出贡献的日期
copyrightAndOtherRestrictions	版权和限制	O	使用学习对象是否有版权问题和其他限制条件，是和否
Requirement	要求	O	使用学习对象所需要的技术要求
OtherPlatformRequirements	其它平台要求	O	其它关于软件和硬件的需求信息
Context	适用对象	O	使用学习对象的主要情境。幼儿教育，初等教育
IntendedEndUserRole	终端用户类型	O	该学习对象的主要用户，teacher教师，author作者，learner学习者，manager管理者
Region	适用地区	O	资源适用的行政区域
TypeOfSchool	适用学校类型	O	幼儿、小学、普通中专、职业高中、成人中专、技工学校、初中、高中、高职高专、大学本科、硕士、博士
EducationLevels	适用学历层次	O	幼儿、小学、初中、普通高中、职业高中、中专、高职、本科、硕士、博士
Course	适应课程	M	此课程包适用的课程名称

图 8-11 SCORM 课程包元数据（部分）

(3) 文档型资源元数据（如图 8-12 所示）

文档型资源元数据

属性值名称	约束性	描述
标识符	M	该标号全球唯一
标题	M	资源的名称
描述	O	对资源内容的一个简单描述
专业大类	M	文档型所属的专业大类，见"2010中职专业目录 专业大类和具体专业分类码表"
所属专业	M	文档型所属专业，见"2010中职专业目录 专业大类和具体专业分类码表"
关键字	M	描述资源主题的关键，字或短语
素材种类	M	取值范围：行业标准、实训项目、教学案例、竞赛方案、考核试题、电子教案PPT文档、职业教育质量标准、职业教育学术论文、职业教育办学经验、职业教育专家人才、职业教育政策法规
学习资源类型	M	取值范围：文本素材、图形/图像素材、音频素材、视频素材、动画素材、其它素材、试题素材、试卷素材、教学课件、PPT课件、教学案例、常见问题、资源目录索引、网络课程
格式	M	学习对象（及其所有组成成分）在技术上的数据类型。如*.ppt, *.doc
资源内容	M	文档型资源的内容，指具体的一个文档
贡献者	O	对资源做出贡献的人
实体（贡献单位）	O	对资源做出贡献的实体
贡献日期	O	对资源做出贡献的时间
适用地区	O	资源适用的行政区域
适用学校类型	O	幼儿、小学、普通中专、职业高中、成人中专、技工学校、初中、高中、高职高专、大学本科、硕士、博士
适用学历层次	O	幼儿、小学、初中、普通高中、职业高中、技工校、中专、高职、本科、硕士、博士
适应课程	O	适用的课程名称

图 8-12 文档型资源元数据（部分）

(4) 试题元数据（如图 8-13 所示）

试题元数据

属性值（英文）	属性值名称	约束性	描述
Identifier	标识符	M	试题唯一标识符
Type	试题类型	M	试题的类型，只能填写六种：单选题、多选题、判断题、填空题、简答题、组合题
Questions	试题题目	M	对试题内容的描述
Difficulty	难度	M	包含高、中、低三个层次
specialtyType	专业大类	M	试题所属的专业大类，见"2010中职专业目录 专业大类和具体专业分类码表"
Specialty	所属专业	M	试题所属专业，见"2010中职专业目录 专业大类和具体专业分类码表"
Keyword	关键字	M	描述试题内容的关键，字或短语
Answer	试题答案	M	试题的标准答案
Analysis	试题解析	O	对试题解答过程的分析
Contribute	贡献者	O	对资源做出贡献的人
Entity	实体（贡献单位）	O	对资源做出贡献的实体
Date	贡献日期	O	对资源做出贡献的时间
Region	适用地区	O	资源适用的行政区域
TypeOfSchool	适用学校类型	O	幼儿、小学、普通中专、职业高中、成人中专、技工学校、初中、高中、高职高专、大学本科、硕士、博士
EducationLevels	适用学历层次	O	幼儿、小学、初中、普通高中、职业高中、技工校、中专、高职、本科、硕士、博士
Course	适应课程	O	适用的课程名称

图 8-13 试题元数据（部分）

8.2.4.2 元数据信息填写案例

(1) 积件脚本中的元数据填写案例（如表 8-8 所示）

表 8-8 积件脚本中元数据填写案例

课题名称	电气技术应用	子课题名称	供配电
作者姓名		作者单位	
电子邮件		联系电话	
QQ 号		提交日期	

续表

审核人		审核日期	
原知识点编号及名称	0401 电力负荷基本知识	新知识点编号及名称	ZYKC201126_ A10_ 01_ 04_ 01 电力负荷基本知识
软件开发单位		文件制作者	

（2）积件任务分配表中的元数据填写案例（如图8-14所示）

原课题编号	新编号	知识点名称	关键词	说明（30字以内）	难度	持续时间	典型学习时间
	课题编号-课程编号-章编号-节编号-知识点编号		（描述积件主题的关键、字或短语，一般不超过5个。类似论文的关键字）	对积件作简要介绍，不超过30字	填：低、中、高	在指定的速度下连续运行，学习对象所需要的时间。如：15分钟	对于典型的目标用户来说，使用该学习对象一般或大约所需要的时间。如：20分钟
0205	ZYKC201126_A10_01_02_05	小接地电流系统	电力系统，中性点，小接地电流系统	中性点不接地运行方式；中性点经消弧线圈接地运行方式	高	10分钟	10分钟
	ZYKC201126_A10_01_02_06	大接地电流系统	电力系统，中性点，大接地电流系统	中性点直接接地或经低电阻接地的电力系统；中性点不同运行方式的比较和应用范围	高	10分钟	10分钟
0206	ZYKC201126_A10_01_02_07	低压配电系统接地运行方式	电力系统，低压配电系统接地运行方式	低压配电系统接地型式分TN系统、TT系统和IT系统	高	15分钟	15分钟

图8-14 积件任务分配表中的元数据填写案例

（3）试题包元数据填写案例（如图8-15所示）

试题包（一个子课题一份数据包，一门课的所有习题打入一个试题包，一门课的课题不能少于150个）									
关键字	电机与电力拖动技术；试题								
试题包描述	试题主要面向电气技术应用专业电机与电力拖动技术课程，有469道试题，题型主要有单选，填空，判断，问答，综合分析试题等								
试题包参研人员	竺兴妹、王莉萍、马建军、马俊芳、何智慧								
试题包参研单位	水电七局高级技工学校、张家口机械工业学校、南京技师学院、唐山劳动技师学院								

图8-15 试题包元数据填写案例

（4）通用主题素材包元数据填写案例（如图8-16所示）

通用主题素材包（一个子课题一份数据）									
素材包参研人员									
素材包参研单位									
关键字	电力拖动技术；行业标准；实训方案；教学方案；试题								
描述	主要内容有：维修电工国家职业标准等2个行业标准；3个典型教学案例；1个实训方案；3套测试卷								

图8-16 通用主题素材包元数据填写案例

结 束 语

2018年，教育部颁发了《关于加强网络学习空间建设与应用的指导意见》，意见指出：以国家数字教育资源公共服务体系为依托，以促进信息技术与教育教学实践深度融合为核心，以应用驱动和机制创新为动力，全面加强空间建设与应用，加快推进教育信息化升级，推动教与学变革，构建"互联网+教育"新生态。

我的研究成果虽然有效解决了职业院校网络学习空间支撑平台兼容性低、资源建设和数据通信没有统一的技术标准，数字资源难于跨平台迁移和共建共享，网络学习空间中资源生成与学习过程不能有效融合，难以形成基于学生学习记录的分析、诊断与指导机制，不能有效服务于学生自主学习，学校、企业、教师、学生参与网络学习空间活动的积极性不高等问题，但随着云计算、大数据、物联网、移动计算、3D打印等新技术的不断涌现，以及"职业教育质量提升行动计划"的全面实施，职业院校网络学习空间建设尚存在一些突出问题：一是网络学习空间的深化应用与融合创新还不够；二是缺乏泛在学习视角下的网络学习空间的创新应用模式的研究。

职业院校需要进一步探索基于云架构模式的"网络学习空间人人通"建设机制和商业运营模式，通过吸引更多的社会资源参与网络学习空间建设，拓展网络学习空间的服务领域，为教师、学生、家长、企业、教育行政管理部门提供更好的服务。职业院校需要进一步研究泛在学习视角下的网络学习空间如何构建，实施哪些创新应用模式，应用成效如何评价；通过融合教育理念与学习空间建设机制，使网络学习空间的功能与作用更契合泛在学习的个性化、情境化、智慧化特征；把新技术应用于网络学习空间，为学生的学习提供认知、交流或辅助工具以及各种学习支持服务，从而提升学习者的学习绩效；尊重学习者的个体差异，使网络学习空间的构建与设计具有良好的适应性和包容性，使个性需求不同、学习风格迥异的学习者都能够较好地融入学习空间，并能利用空间提供的各种资源、工具和支持服务完成预期的学习目标；构建虚拟环境中"校企合作"模式，按职业教育"五个对接"要求，进一步完善网络学习空间的应用模式，把课程建设、技术咨询、企业招聘、员工培训、生产性实习管理、质量评价等纳入网络学习空间，从而强化校企协同育人。